자본주의 사회에서
남성으로 산다는 것

자본주의 사회에서 남성으로 산다는 것

스기타 슌스케 지음
명다인 옮김

승자도 패자도 아닌
존엄한 인간으로 사는
21세기 남성학

또다른우주

들어가며

자신의 '약함'에 괴로워하는 남자들을 위해 이 책을 쓰게
되었다.

남자들은 남성으로 살아가는 특권에 대해 비판받는다.
무의식중에 차별에 가담한다는 지적도 듣는다. 그저 살아
있다는 것만으로 마음 한구석이 찜찜할 수도 있다.

그러나 일상이 행복하다는 느낌은 들지 않는다. 자유를
느낄 수 없다. 태어났을 때 이미 뭔가 박탈당했다는 느낌
이다. 사는 것이 괴롭다. 고통스럽다. 태어나지 않았다면
좋았을 텐데……. 솔직히 이런 느낌이 들 때가 있다.

이러한 '남자의 불행'에 대해, 하루하루 살아가는 노고
에 대해, 적확하고 올바르게 표현할 말이 없는 게 아닐까.

고통을 말로 잘 풀어낼 수 없다. 절망과 고독을 입에 올리는 일조차 겉핥기일 뿐이다.

형용할 수 없는 괴로움, 서로에게 터놓을 수 없는 불행을 견디며 살아간다. 그날그날을 인내하고 있다. 그렇게 인생이 흘러간다. 나이가 든다. 어떻게 하면 좋을지 막막하다…….

이러한 '약함'을 안고 살아가는 남성들을 고찰하기 위해 이 소소한 책을 쓰게 되었다.

헌데 자본주의와 자유주의 흐름에서 방치되고 '잔여물'이 되어 이제는 '살아가는' 것이 아니라 '생존하고' 있는 남성들. 이러한 약자 남성들을 생각하며, 나 역시 약함을 안고 살아가는 한 명의 남성으로서 이 책을 쓰게 되었다.

젊은 세대에 국한된 이야기라고 생각하지 않는다. 중년 남성(아저씨)과 고령 남성 중에도 사회적으로 약자가 된 사람이 분명 있다. 충분히 자각할 수도, 해소할 수도 없는 고독과 어디서 왔는지 알 수 없는 감정, 그리고 박탈감에 고통스러워하는 남성들이 이 세상에는 분명 많을 것이다.

용기를 심어주고 싶다는 마음과는 조금 다르다. 위로도 아니다. 도리어 약자 남성들이 이 책을 읽고 분노할지도 모른다. 받아들이기 어려운 나머지 당신이 뭘 아냐며 비판하고 싶을 수도 있다.

그렇게 해도 괜찮다.

차라리 그러는 편이 좋다.

나는 현재를 살아가는 약자 남성들의 목소리를 듣고 싶다.

진짜 목소리를 들려주길 바란다. 그리고 알고 싶다. 남자들이 일상에서 겪는 당혹스러움도. 눈물을 흘리지 않고도 우는 슬픔도. 모든 것을 망가뜨리고 싶은 분노도.

내면의 약함, 불행, 절망을 말로 표현해 사회화=공공화하는 과정은 내 안에서 말로 나오지 않았던 것, 그 침묵(암흑)을 진정으로 소중히 여기는 일이기도 하다. 어떤 면에서는 내 안의 불행을 누구에게도 넘겨주지 않는 것, 여기에 개개인의 삶이 지닌 존엄이 있고 둘도 없는 소중함이 있다.

나는 내 마음을 다해, 있는 힘을 다해, 정성을 다해 남성들의 마음속 약함과 나의 약함을 이 책에 풀어놓았다. 말로 표현했다. 분노를 표현했다. 뭔가를 때려 부수고 싶었다.

동시에 내 안에서 단 한 번도 언어로 표현할 수 없었던 침묵을, 칠흑 같은 어둠을, 처음으로 자각하면서 끄집어 내리라 다짐했다.

물론 이 책은 현대 자본주의 사회에서는 없는 것이나 마찬가지일 정도로 미미한 존재에 불과하다.

그래도 언젠가는 어떤 이의 목소리와 공명하는 날을 고대한다. 누구와도 나눌 수 없는 매일의 노고, 불행, 암흑이 이 세상에 희미하게 울려 퍼지길 바라면서.

그리고 이런 생각도 해보았다.

오인한 가짜 '적'에게 향하는 증오가 아니라 적어도 이 사회에 대해 분노하자고.

남자의 자존심은 던져 버리고 보잘것없어도 소중한 나에게 애정을, 자신을 존중하는 마음을 갖자고.

약함에 괴로워하는 남자들의 소리 없는 목소리들이여, 아우성이여, 휘몰아쳐라. 울려 퍼져라.

칠흑 같은 불행이여, 이 땅에 별자리를 수놓아라.

남자들이여, 갓 태어난 아기처럼 울부짖어라.

차례
CONTENTS

제1장

보이지 않는
약자 남성

영화 〈조커〉가 보여주는
약자 남성의 인생

어디에도 구원은 없고, 비참하고 한없이 괴롭기만 한 음지의 인생. 어떤 남성들의 마음속에는 이러한 절망이 있다. 상상해 보자. 동정을 호소하는 것이 아니다. 도와주지 않아도 된다. 그저 상상하고 이해해주는 정도면 된다. 그들의 고뇌하는 목소리, 들리지 않는 외침…….

토드 필립스 감독의 영화 〈조커〉(2019년)는 현대 사회의 '약자 남성'이 처한 상황을 상징하는 영화다.

〈조커〉의 배경은 1970년대의 황폐한 뉴욕을 연상하게 하는 고담시다. 주인공 아서 플렉(호아킨 피닉스)은 피에로 분장 아르바이트로 하루 벌어 근근이 살아가는 남성이다.

영화는 이런 그가 미국 DC 코믹스 시리즈의 슈퍼 빌런,

조커가 되어가는 과정을 그린다. 이 작품은 전 세계에서 크게 흥행했고, 베니스국제영화제 황금사자상을 수상했다. 모방 범죄를 우려한 나머지 경찰과 군인이 경계 태세를 강화하는 등 현실과 허구의 경계를 무너뜨릴 정도의 영향력을 발휘했다.

〈조커〉는 마틴 스코세이지 감독의 영화 〈택시 드라이버〉(1976)와 〈코미디의 왕〉(1982)을 많이 참조했다. 존 힝클리 주니어라는 남자가 〈택시 드라이버〉의 주인공 트래비스(로버트 드니로)의 영향을 받아 1981년 레이건 전 미국 대통령 암살을 시도한 경위도 참작했다고 한다.

〈조커〉의 대략적인 줄거리는 다음과 같다.

이미 나이가 마흔에 가까워진 아서는 치매를 앓는 어머니를 홀로 보살피며 연인도 친구도 없이 외롭고 가난하게 살고 있다.

아서는 '언제나 웃는 얼굴로 사람들을 즐겁게 해주렴'이라는 어머니의 말씀을 마음에 새기고 스탠드업 코미디언으로 성공할 날을 꿈꾼다. 스탠드업 코미디는 마이크 하나만 있는 무대에 코미디언 혼자 서서 사회를 풍자하고 비꼬며 관객들에게 말을 거는 형식의 전통 코미디를 말한다.

하지만 아서는 분위기를 망치고 느닷없이 웃음을 터뜨리는 증상이 있어 주기적으로 약을 복용하고 심리 상담도 받아야 한다. 그런데 고담시의 재정난으로 이런 지원마저 끊긴다.

〈조커〉는 다양한 관점에서 해석이 가능한 작품이다. 우선 경제적 격차, 장애인 차별, 가족 돌봄 문제 등이 복잡하게 얽힌 상황에서 한 남성이 어떻게 벼랑 끝으로 내몰리고 사회의 변두리로 밀려나 '약자 남성'이 되어 가는지, 이 현대적 주제를 정면에서 다룬 작품으로 해석해 보려고 한다.

아서는 현대를 사는 약자 남성의 상징이라고 할 수 있다. 복합적 요인에서 비롯된 아서의 빈곤(실업, 혈연·친척의 지원 부재, 어머니 간병, 학대, 뇌 기능 장애, 교육 부족 등)에 복지국가의 재분배 기능과 사회적 지원은 닿지 않는다.

이런 남성이 자주 듣는 비판이 있다. 아무리 빈곤의 어둠에 있고 비참한 상황이라 해도 그는 흑인도 유색인종도 아닌 백인 남성이다. 여성도 성소수자도 아니다. 이 점에서 진정한 희생자나 피해자가 아니라는 것이다.

현대 사회는 사회적 차별과 불평등을 교정하는 정치적 올바름(Political Correctness)을 중시한다. 그러니 〈조커〉를 향해 이런 의문과 비판이 제기될 수도 있다.

그렇다 해도 아서는 뇌에 손상이 올 만큼 의붓아버지로부터 아동학대를 당한 피해자에, 다른 사람들이 이해하기 어려운 장애가 있고, 치매를 앓는 어머니를 집에서 보살펴야 하며, 복지와 의료 지원마저 중단돼 곤궁에 처한 중년 남성인데 그가 '백인 남자'라는 이유 하나로 그런 비판을 받다니, 어찌 된 일일까?

영화에서는 곤경에 빠진 남성 내면의 취약성, 사회적 소통에서 배제된 소리 없는 비명이 이 세상에 존재하지 않는 것처럼 감쪽같이 지워졌다.

애당초 아서와 같은 약자 남성들의 울분과 곤궁한 처지를 제대로 파악하지 못하고 그들의 사회적 위치가 불분명해졌다는 것이 현대 사회의 심각한 문제가 아닐까?

저마다의 복잡한 사정으로 빈곤, 박탈감, 존엄성 훼손을 떠안게 된 '약자 남성'들의 절망과 고뇌를 적확하게 논의하기 위한 말과 이론이 여태껏 존재하지 않는다니.

아서와 같은 이들은 소수자로도 다수자로도 보기 어렵다. 이렇듯 모호하고 눈에 잘 띄지 않고 경계에 있는 약자성(弱者性)이야말로 현대를 살아가는 우리가 직면한 사회 문제의 최전선 중 하나가 아닐까?

소수자도 아니고 다수자에 속하지도 못하며 1퍼센트도 99퍼센트도 아닌 존재(상위 1퍼센트의 부유층이 99퍼센트의 다수를 지배한다는 표현을 응용한 것이다). 슬로베니아 철학자 슬라보예 지젝에 따르면 '잔여＝無' 또는 이탈리아 철학자 조르조 아감벤에 따르면 '잔여물'인 현대의 약자 남성들……

약자 남성은
누구와 싸워야 하는가

2021년 10월 31일 오후 8시경, 주거지가 불분명한 무직의 24세 남성이, 운행 중인 게이오센 전철에서 70대 남성의 가슴을 칼로 찌른 후 열차 안에 라이터 기름을 뿌리고 불을 붙였다. 이 남성은 '배트맨' 시리즈의 조커 복장을 하고 있었다.

사건 당일은 핼러윈 데이였고, 범행 전 남성이 시부야에서 군중 사이로 걸어가는 모습이 CCTV에 찍혀 있었다. 범행 후 남성은 보란 듯이 열차 내 좌석에 앉아 오른손에 칼을 쥔 채 떨리는 손으로 담배를 피우고 있었다.

그는 같은 해 8월 6일 오다큐센 전철에서 발생한 칼부림 사건에 자극을 받아 범행을 저질렀다고 자백했다. 당시 전

동차 객실에서 36세 남성이 휘두른 칼에 남녀 승객 열 명이 중경상을 입었다.

'행복해 보이는 여성을 죽이고 싶었다'는 남성의 말에 따라 언론에서는 여성을 노린 혐오범죄(차별 의식에 기인한 범죄 행위) 또는 '페미사이드(Femicide, 여성female과 살해 homicide의 합성어로 여성이라는 이유로 남성에게 살해되는 것)'라고 보도했다. 범행 당일, 이 남성은 신주쿠의 식료품점에서 도둑질하다가 여성 점원에게 발각돼 신고당하자 보복 심리에 그 점원을 살해하려고 전철에 올랐으나, 시간이 너무 늦어 가게가 문을 닫았을 것 같아 열차 안에서 범행을 저질렀다고 한다.

게이오센 사건이 발생한 날은 마침 제49회 중의원 의원 총선거일이기도 했다. 그리고 범행이 일어난 시각은 선거 속보와 특집 방송이 나오는 시간대였다. 선거 결과를 두고 언론에서는 포퓰리즘을 전략적으로 이용하는 정당인 일본유신회의 약진을 보도하고 있었다. 포퓰리즘은 세상을 '엘리트·특권계급'과 '대중'으로 이분화하고, 참된 대중의 권리를 수호하자는 명목하에 엘리트와 지식인을 상징하는 기존의 질서와 체제를 비판적·파괴적으로 대하는 정치적 입장을 말한다.

나는 『인기 없는 남자의 품격: 남자에게 '약함'이란 무엇인가 非モテの品格—男にとって「弱さ」とは何か』(2016)라는 책에서 남성의 약함과 인셀 문제를 다룬 적이 있다.

인셀(incel)이란 무엇일까?

incel은 involuntary celibate의 약자로, 직역하면 원치 않은 금욕주의자, 비자발적 싱글이라는 뜻이다. 최근 인셀이 일으키는 논란과 폭력이 국제적인 사회 문제로 대두되고 있다. 자세한 내용은 3장에서 다룬다. 그리고 나는 『인기 없는 남자의 품격』의 속편인 『주류 남성에게 정직함이란 무엇인가: 미투에 참여하지 못하는 남자들 マジョリティ 男性にとってまっとうさとは何か—#MeTooに加われない男たち』(2021)에서 때마침 영화〈조커〉를 분석했다.

그래서 앞서 서술한 모방 사건들을 뉴스에서 접했을 때 심란했다. 만약 사소한 불운이 더해졌다면 나 역시 인셀이 됐을지 모르는 일이고 나중에라도 어떻게 될지 알 수 없다. 새삼스럽게 그런 생각이 들었다.

물론 두 사건에 대해 언론에 보도된 것 이상은 알지 못한다. 단편적인 시선에서 하나의 조각만 보고 모든 걸 이해했다는 태도는 위험하다.

다만 눈여겨봐야 할 점은 그들의 폭력이 사회적 약자 또는 그렇게 여겨지는 사람들을 향했다는 것이다. '피해자가 누구든 상관없는' 범죄가 아니었다. 즉 '무차별' 공격이 아니었다. 명백하게 '차별적'이었다.

이 두 사건은 2016년 7월, 가나가와현 사가미하라시(市)에 있는 지적 장애인 보호시설 쓰쿠이 야마유리엔에서 발생한 범행과 유사한 면이 있다. 야마유리엔에서 약 3년간 비정규직 직원으로 일하던 26세 남성이 평소에도 장애인 안락사 등 장애인 혐오 발언을 일삼다 퇴사 후 시설에 침입해 직원들과 입소자들에게 흉기를 휘둘러 45명의 사상자가 발생해 세간을 경악시킨 사건이다.

일단 게이오센 사건의 범인은 현대적 약자 남성을 상징하는 조커 복장으로 범행을 저질렀다.

영화 〈조커〉에서는 아서의 폭력에 자극받은 군중들이 욕망에 감염된 것처럼 피에로 가면을 뒤집어쓰고 무정부주의 폭력에 도취해 거리를 불태우고 자동차를 박살 냈다.

다만 이 한 가지는 유념해야 한다. 오다큐센과 게이오센에서 일어난 범행과 〈조커〉에서 아서가 휘두른 폭력 사이에는 결정적인 차이가 있다.

일본 사회에서 일어난 일련의 사건들과는 달리 적어도 아서는 '아래(사회적으로 아래에 있다고 여겨지는 약자들)'가 아니라 '위'에 있는 자본주의와 권력구조를 향해 총구를 당겼다(설령 복잡한 가족 간 갈등으로 어머니를 살해했을지라도).

아서의 내면에는 무차별을 가장한 차별적 증오가 아니라 사회적 분노가 있었다.

약자 남성으로 살아가는 아서가 죽인 건 '행복해 보이는' 여성도, 고령자도, 장애인도 아니었다. 하물며 외국인과 이민자를 배척하는 차별 의식도 없었다.

어떤 폭력이든 용납할 수 없다는 입바른 소리를 하려는 것이 아니다. 싸워야 할 적을 오인해서는 안 된다고 말하고 싶을 뿐이다.

영화 속 아서는 정말 대적해야 할 적과 싸웠다고 할 수 있을까? 당연히 의문이 남는다. 아서는 분명히 사회적 약자에게 울분을 터뜨리는 행동은 하지 않았지만, 인정 욕구와 가족에 대한 환상이 심해져 유명인사 '아버지'를 갈망하다 어머니를 살해했기 때문이다.

그렇나면 다른 사람에게 인정받고, 사랑받고, 위로받으려고 하기 전에 아서는 무엇을 해야 했을까? 약자 남성으로 살아가는 자신을 사랑하기 위해 아서는 어떻게 해야 했을까?

권력자, 부자, 사회 구조에 끝까지 맞서 싸워야 했을까?

모든 걸 내려놓고 주어진 운명을 묵묵히 견뎌야 했을까?

그도 아니면 이 모든 건 국가·정부, 자본·기업의 책임이고 아서는 아무런 책임도 없을까? 복지국가와 사회적 포용(social inclusion) 기능이 충분히 작동하지 않은 게 문제일까?

잠시 멈춰 이 부분에 대해 고찰해 보고 싶었다.

지탄받는 '남성 특권'

'남성 특권'이라는 말이 있다.

다수자 남성과 여성, 성소수자를 가르는 불평등하고 불공정한 사회 구조(법, 제도)가 있다. 남성들은 자각도 없이 성차별적인 구조 위에 있고 태어날 때부터 주어지는 특권에 무임 승차한다. 그들은 처음부터 우월한 위치에서 시작한다. 이런 인식에서 남성 특권이 강한 비판을 받게 되었다.

그 전제는 전 세계적으로 확산한 반차별주의와 페미니즘 운동, LGBT(레즈비언, 게이, 양성애자, 트랜스젠더) 운동이었다.

지금까지의 흐름을 살펴보면, 2010년대 차별주의와 관련한 논의의 초점은 '넷우익(극우 성향의 일본 인터넷 사용자)과 제노포비아(xenophobia, 외국인 혐오)는 차별주의자다'였다. 차별주의자들은 비정상적인 사고방식과 왜곡된 인지를 지녔으므로 병을 치료받을 때처럼 진단과 처방전이 필요하다. 이것이 2010년대 차별주의 반대 운동의 기조였다.

2020년대에는 '일부 비정상적인 사람들뿐만 아니라 차별 구조에 자각 없이 가담하는 정상적인 다수도 똑같은 차별주의자다'라는 방향으로 논의가 전개되었다. 차별주의자라고 비판받는 범위가 넓어졌다.

이제는 일부 극단적 차별주의자만 문제 삼지 않는다. 일상에서 나타나는 차별 행위가 부각되고 있다. 물론 일상에서의 차별은 새로 생긴 것이 아니라 예전부터 있던 것들이다.

차별적인 제도와 구조를 손보지 않고 그대로 유지해 온 남성들의 특권의식에 문제가 있다, 그러니 이 부분을 바꿔 나가야 한다는 것이다.

남성들은 태어날 때부터 사회의 다수자로 살고 있다는 사실 자체로 비판당하고 문책당하고 있다.

다수자 남성들이 자각하지 못하는 특권의 작용, 예나 지금이나 '남자'들은 그대로임을 뼈저리게 느끼게 하는 성희롱, 직장 상사의 괴롭힘 등은 하루가 멀다고 일어난다. 이를 바라보는 남자들 특히 중년 남성(아저씨)은 자신들의 무신경함과 욕정에 진저리가 나서 살기 싫을 정도다.

한편, 법률·제도·가족 안에 남성 특권이 무수히 존재하는 것이 사실이지만, 세상 남성들은 별로 행복해 보이지 않고 자유로워 보이지도 않는다. 실제로 행복하지 않다는 통계와 조사 결과도 있다. 이 간극을 어떻게 생각해야 할까? 이 주제는 다음 장에서 다룬다.

다수자 남성 사이에 있는 '약자'들

우선 일반적인 다수자 남성 중에도 억압받거나 취약하고 주변적인 사람들이 있음을 살펴보자.

다가 후토시(多賀太)의 『남성다움의 사회학: 요동치는 남성의 생애과정 男らしさの社会学—揺らぐ男のライフコース』(2006)에 따르면, 최근 남성학에서는 남성 특권과 남성 내 불평등을 다음과 같이 정의한다. 우선, 여성에 비해 남성은 사회 구조적으로 다양한 방면에서 우위에 있다는 인식이 기본값이다(A). 다만 여기에는 몇 가지 수준이 있다(B).

B.1 남성의 제도적 특권 ··· 집단 내 여성의 희생으로 집단 내 남성은 제도적 이익을 누린다.

B.2 남성다움의 비용 … 남성들은 제도적 특권을 확보하기 위해 '남성다움'이라는 억압적인 규범에 따르는 데 엄청난 노력과 비용을 들여야 한다.

B.3 남성 내 차이와 불평등 … 남성들 사이에도 다양한 차이가 있다. 적은 비용으로 많은 이익을 얻는 남성이 있는가 하면, 비용을 많이 지불하고도 이익을 거의 얻지 못하는 남성도 있다.

이렇게 수준을 구분해놓고 남성들 또한 다양한 정체성의 위기, 동요, 갈등을 경험한다고 논하고 있다. A 수준만 보고 남성 집단을 일반화시켜 비판하고, B 수준의 차이점을 도외시한 채, 전체 남성을 싸잡아 비판할 때 위화감을 느끼는 남성이 있다는 이야기다.

이러한 상황 속에서 인터넷 세상을 중심으로 '남성 약자'들의 존재가 다시금 주목받고 있다.

그중 이런 글이 있었다. '남성들은 가해자·차별자·억압자라며 비판받고 반성과 행동을 요구받는다. 하지만 남성들 안에도 다양한 '약자'가 있다. 그러나 이 존재는 크게 조명받지 못해 국가의 지원과 관심도 없다…….'

'약자 남성'은 누구인가

그렇다면 '약자 남성'은 구체적으로 어떤 남성일까?

　마케팅 홍보 회사의 대표이자, 일본의 경제잡지 〈현대 비즈니스〉에서 주로 결혼, 남녀 문제, 사회 문제에 관한 글을 쓰는 도이 안나(トイアンナ)는 이렇게 말한다.

　약자 남성은 인터넷 용어로, 일본 사회에서 독신·빈곤·장애 등 약자의 요소를 지닌 남성들을 가리킨다. 과거에는 '징그럽고 돈 없는 아저씨(キモくて金のないオッサン)'의 줄임말인 'KKO'를 자칭하는 남성들이 있었다. 하지만 현재는 이 말 자체가 차별을 낳는다고 해서 '약자 남성'이라는 단어가 많이 쓰이고 있다. ⌐「일본의 차별당하는 계급 '약자 남성'의 알려

28

지지 않은 충격 실태…남성들끼리 돌봐주면 되는 걸까」•

또, 일본의 경제 매체 〈다이아몬드〉 온라인에 매주 사회 문제 관련 글을 기고하는 가마다 와카(鎌田和歌)는 이렇게 말했다.

'약자 남성론'은 2010년대 후반 '여성의 고된 삶'에 주목했던 현상에 대한 반동으로 '남성도 살기 힘들다'는 목소리가 커지면서 시작되었다. 물론 2010년 전부터 이런 목소리가 나왔지만 '약자 남성론'은 블로그나 팔로워 수가 많은 트위터 계정에서 주도하는 경향이 강했다. 「여성의 고용 제한이 저출산 대책이 된다? 비난이 쇄도하는 트위터로 바라본 '약자 남성론'」••

여기서 말하는 약자성에는 몇 가지 기준이 있고 서로 복잡하게 얽혀 있다고 한다. 예를 들면 다음과 같다.

• 비정규직 형태의 노동 수입

• https://gendai.ismedia.jp/articles/-/83163
•• https://diamond.jp/articles/-/270283

- 호감을 얻기 어려운 외모
- '소통 장애'라고 스스로 비하하는 소통 능력 문제
- 다양한 수준의 발달장애와 정신 질환 문제
- 현실 애인 또는 예비 배우자의 존재 여부

인용문에 나온 '징그럽고 돈 없는 아저씨(KKO)'라는 유명한 말이 자기 비하 또는 '조롱'을 표현하는 상징이 되었듯이, 위의 여러 요소가 합쳐져 성립되는 연립 방정식 형태의 '약자성'도 있을 것이다. 현실적으로는 이렇게 복잡하게 뒤엉켜 조합된 '약자성'이 오히려 더 많을 수도 있다.

다만 이러한 기준들은 명확히 구분되어 있지 않고, '약자'의 정의도 사람마다 달라서 논의와 논쟁을 벌여도 이견이 좁혀지지 않는다. 도리어 언쟁으로 번져 혐오와 오해만 커진다. '약자 남성'에 관한 논의에는 아직 이런 문제가 많다.

다수자도 소수자도 아닌

여기서 말하는 '약자 남성'이 꼭 사회적 차별의 희생자는
아닐 것이다. 사회적으로 포용되지 못하고 일반 시민의 표
준적인 생활에서 배제된 사람이라고 단정할 수도 없다.

사회의 한쪽에는 종래의 국민국가(nation state)가 전제
한 다수자로서 '국민'과 '시민'이 존재한다.

다른 한쪽에는 '국민'과 '시민'에서 배제되고 주변화된
소수자들이 존재한다. 소수자들은 각각의 속성에 기반을
두고 개별적 혹은 집단적인 정체성 정치(Identity Politics, 사회
적 불평등을 해소하고 저마다의 차이를 인정받기 위한 정치)를 한다.

한편, 이 책에서 말하는 약자 남성은 '국민·시민(다수자)
대 차별받는 자·배제당하는 자(소수자)'라는 정치적 대립

그 어디에도 낄 수 없는 존재로 보인다.

약자 남성들은 사회적으로 차별받고 배제되거나 정치적 인정을 얻지 못했다기보다, 이원적 논의의 패러다임에서 소외되고 낙오되고 방치된 것이다.

따라서 이들은 정체성 인정을 둘러싼 정치적 논의 대상도 아니며, 복지국가가 제공하는 경제적 재분배와 사회적 포용 대상에 포함되기 어렵다.

주의할 점은 이런 논의가 '약자 경쟁(약자 올림픽)'을 하자는 게 아니라는 것이다. 목소리조차 낼 수 없는 궁극의 약자가 누구인지 연구하는 '서벌턴(subaltern, 이탈리아 사상가 그람시가 사용한 개념으로, 사회에서 차별받고 배제된 하위계층을 뜻함)' 이론 이야기도 아니다. 누가 진정한 희생자이고, 누가 제일 비참한 피해자인지 가려내는 '약자 경쟁'에 가려 보이지 않는 사각지대가 있다는 것이다.

더 섬세하고 복합적으로 접근해야 개인의 실존(차이)과 사회적 제도·구조의 틈 사이에 있는 불분명한 영역, 회색지대가 비로소 보인다.

남성들의 '약함'의 문제는 모호하고 경계에 놓인, 즉 '잔여', '잔여물'의 영역에 있다.

'유리 지하실'의 외침

1장을 시작하며 이렇게 썼다.

어디에도 구원은 없고, 비참하고 한없이 괴롭기만 한 음지의 인생. 어떤 남성들의 마음속에는 이러한 절망이 있다. 상상해 보자. 동정을 호소하는 것이 아니다. 도와주지 않아도 된다. 그저 상상하고 이해해주는 정도면 된다. 그들의 고뇌하는 목소리, 들리지 않는 외침⋯⋯.

'다수자 남성은 모두 동등한 강자다', '남성 특권을 누리는 남자들이 불행할 리 없다'는 식의 거친 논리로 온 세상이 그렇게 돌아간다고 생각하지 않았으면 한다.

다른 소수자들에 비하면 형편이 낫다, 더 우대받고 있다
는 우월과 비교의 눈으로 남성 문제를 논하지 않았으면 한
다. 구조적인 비대칭은 분명 존재한다. 그러나 누가 누가
더 힘든지 비교하고 경쟁해야 하는 것은 아니다. 불행한
건 불행한 것이고 괴로운 건 괴로운 것이다. 이런 단순한
인식이 '약자 남성' 문제의 근간에 있다.

고통의 외침은 반드시 긍정해줘야 한다고 나는 생각한
다. 다만 '이성이 이해해줬으면 좋겠다'는 성적 인정론이
나 '이 나라가 내 존재를 지지해주길 바란다'는 국민 정체
성(national identity)으로 이 문제를 해결해야 한다고 생각
하지는 않는다.

여기에는 상대적인 약함이 아닌, 절대적인 약함이 있다.
다른 사람과 비교하고 우열을 매겨 강/약, 행/불행을 재지
않더라도 생존 그 자체로 비참하고, 존엄을 박탈당한 속수
무책인 인생이 있다. 절대적인 기준에서의 '약함'이 있다.

사실 '남성'이라는 속성도 부차적이어서 철저히 개인적
차원의 문제일 수도 있다. 그러나 '남자'로 태어난 이상, 남
성이라는 속성에서 해방돼 빠져나오는 일도 용인되지 않
는다.

그렇다면 약자 남성은 여태까지 무시당했던 새로운 소수자 범주라는 말일까? 그것 역시 본질을 비껴간 질문이다.

종종 밝혀지듯 '약자 남성'에는 그 표현으로 뭉뚱그리기 어려운 발달장애나 정신 질환이 있는 사람, 경도 지적 장애가 있는 사람, 학대나 학교 폭력 피해자 등 다양한 어려움을 겪는 사람들이 있다.

그러나 명확한 이유가 있으면 소수자 남성이고, 그 외는 남성 특권을 자각하지 못하는 남성이라며 분명하게 선을 그으려는 것은 문제 해결을 미루는 것에 불과하다.

내가 장애인을 돌보며 배운 건, 개인의 생활과 실존 차원에서 생각하는 한, 비교와 우열을 따지는 것은 물론, 처음부터 안일하게 타인을 일정한 범주로 나누어 선을 긋는 것 자체가 가당치 않고 해서도 안 될 일이라는 것이다.

모호하고 경계가 불분명한 영역에 선을 그어 분명히 나누려는 행위 자체가 잔혹한 폭력, 지배 행위가 될 수 있다. 선을 나누어 지배한다. 이것은 차별의 정의와 일맥상통한다.

이제는 정말 끝이다, 비참하고 허무하고 슬프다, 태어나지 말았어야 했다는 생각밖에 들지 않을 때 지푸라기라도 잡는 심정으로 손을 뻗으면, 이성과의 연애로 구원받길 바라거나, 유명인이 되는 인생 역전을 꿈꾸거나, 이민자 혐오나 인셀 또는 안티 페미니즘 투사로 흑화하는 변변찮은 선택지밖에 없다면? 남은 선택지가 이것뿐이라면……?

도이 안나는 앞서 인용한 기사에서 한 남성이 블로그에 올린 '유리 지하실'에 대해 설명한다. 원래 이 말은 워런 패럴(Warren Farrell)이 『남성 권력의 신화 The Myth of Male Power』(1993)에서 당시 미국 남성의 상황을 표현한 용어다.

여성이 일정 수준 이상의 사회적 지위에 오를 수 없는 보이지 않는 한계를 '유리 천장'이라고 한다. 이 표현을 응용해서 남성은 약자가 되면 유리 바닥이 깨져 지하실로 추락해도 아무도 모른다는 뜻이다. 이것이 '유리 지하실'이다. 지하실로 굴러떨어졌지만, 유리 바닥 위에 있는지 아래에 있는지 구분이 되지 않는다.

지금 우리는 '약자 남성'들이 있는 어두컴컴한 '지하실'에 빛을 비추는 말(사상)과 다양한 실천이 필요한 게 아닐까?

'잔여물'로서의
약자 남성

우리는 지금 이민·난민, 성소수자뿐 아니라 80퍼센트의 뒤처진 사람들, 즉 신들과 시장이 방치한 '남겨진' 사람들 속에서 글로벌 자본주의 시대의 어떤 보편성을 보아야 한다.

_『한낮의 도둑처럼: 포스트휴먼 자본주의 시대의 권력 Like a Thief in Broad Daylight: Power in the Era of Post-Human Capitalism』(2019)

슬로베니아 철학가 슬라보예 지젝이 한 말이다. 표현은 다소 난해하지만 중요한 점을 지적하고 있다.

지젝은 이렇게 설명을 이어간다. '진정한 노동자계급은 오히려 본국에 남아 외부자로 남겨졌다('잔여', 흔히 신이 거두시 않은 단절된 지라는 종교적 의미를 띤다). 그리고 글로벌 자

본주의의 추세는 우리 중 80퍼센트가 '잔여물'이 되는 것
이다.'

현대의 약자 남성들은 글로벌 자본주의, 자유주의 사회
에서 '방치되고', '남겨진' 사람들이라고 할 수 있다. 지젝
은 오히려 이들 중에 현대 사회에서 가장 앞서가는 사람
들, 사회 변혁을 위한 '보편성'의 조짐이 있을 수 있다고
썼다.

여기서 말하는 '80퍼센트'는 하나의 비유다. 지젝의 책
에 구체적인 수치와 통계 데이터는 실려 있지 않다. 지젝
은 아마도 '1퍼센트'와 '99퍼센트'의 계급적 대립이 대두
될 때 어느 쪽에도 속하지 않는 사람들을 '80퍼센트'라고
표현한 것으로 보인다.

격차와 박탈감

영화 평론가 마치야마 도모히로(町山智浩)의 『'최전선의 영화'를 읽다 「最前線の映画」を読む』 시리즈 제3권, 『그래도 영화는 '격차'를 그린다 それでも映画は「格差」を描く』(2021)에 따르면, 최근 격차 문제를 다룬 영화가 전 세계적으로 증가하는 추세다. 〈날씨의 아이〉〈어느 가족〉〈기생충〉〈노매드랜드〉〈어스〉〈화이트 타이거〉〈더 플랫폼〉〈더 스퀘어〉〈소년 아메드〉〈버닝〉 등이 있다. 물론 〈조커〉도 빠질 수 없다.

이 영화들이 '격차'를 주제로 삼은 사회적 배경은 다음과 같다고 생각한다.

1980년대 이후 신자유주의 경제 정책을 적극적으로 추

진한 국가에서는 빈부 격차가 확연히 벌어지기 시작했다. 부유층의 소득세율과 대기업의 법인세율이 인하되고, 주식과 부동산 거래 규제는 완화되면서 자본가와 투자가의 활동이 활발해졌다. 한편, 고용 규제도 완화되자 노동자는 쉽게 해고되었다. 그 결과 파견 노동자 등 비정규직 고용이 증가하고 기업은 인건비를 아꼈다.

이러한 흐름 속에서 기업의 이익, 주가, 부동산 가격 등은 상승했다. 행정부의 기능은 민영화돼 사기업이 공공 서비스 분야에 대거 진출하게 되었다. 부를 재분배하는 복지 국가 기능은 약해지고 공공사업 예산이 삭감되었으며 고용과 노동은 점점 더 불안정해졌다.

2011년 월가 점령 시위에서 1퍼센트 대 99퍼센트의 대결이라는 구호가 내걸렸다. 현대 사회는 글로벌 자본주의에서 거대한 이익을 챙기는 1퍼센트의 초부유층과 99퍼센트의 빈곤한 시민으로 분열되었다. 즉 초격차화가 진행된 것이다.

이 양극화는 금융화와 노동자 비정규화가 만들어 낸 현대의 금융과두제(financial oligarchy, 소수 금융자본가 집단의 지배체제) 자본주의 현상이라고도 할 수 있다.

시위 참가자들은 자본주의의 상징인 뉴욕 월가의 한 구역을 점거하고 금융 자본주의를 향해 이의를 제기했다.

이 시위는 미국 전역에서 전 세계로 확산되어 세계사회포럼(World Social Forum, 스위스 다보스에서 개최되는 세계경제포럼에 대항해 반세계화를 주장하는 포럼), 아랍의 봄(Arab Spring, 2010년 말 튀니지에서 시작해 북아프리카와 중동으로 확산한 반정부 운동), 유럽의 반긴축 투쟁에도 영향을 미치는 등 세계 각지의 저항운동으로 번졌다.

어떤 의미에서는, 신자유주의 시대에는 아직 이런 논리는 있었다. 사회적으로 배제된 사람들을 사회 전체가 포용하자는 분위기와 이를 위해 경제성장과 낙수효과가 필요하다는 논리 말이다.

낙수효과 이론이란 민영화로 기업 활동이 활성화되어 상류층, 중산층이 풍족해지면 그 잉여가 하류층에게도 돌아가므로 최대 다수의 최대 행복이 실현된다는 가정이다.

하지만 지금은 포용의 가능성마저 가정에 넣지 않는다. 애당초 그런 목표를 세우지도 않는다.

오랫동안 빈부 격차 문제를 취재한 작가 겸 정치활동가 아마미야 가린(雨宮処凛)은 『이 나라의 무관용의 결과: 사가

미하라 사건과 우리의 시대 この国の不寬容の果てに—相模原事件
と私たちの時代』(2019)에서 현대 사회를 표현하는 키워드로
'무관용'과 '박탈감'을 꼽았다.

금융 자본주의화와 비정규직화로 나아가는 1퍼센트와
99퍼센트의 양극화 시대에는 더 이상 배제된 사람들을 사
회적으로 포용하려고 지향하지 않는다. 철저한 무관용은
사회적 배제보다 더 사람들의 인생을 박탈하고 말살하고
있다.

우리는 신자유주의의 격차와 사회적 배제의 시대에서
초격차 양극화와 무관용의 시대로 가고 있다.

그런 의미에서 박탈감은 '인간'의 '존엄' 문제와 연결된
다. 우리는 국민, 시민, 노동자이기 전에 응당 한 명의 '인
간'이어야 하나, 이 '인간의 존엄'이 박탈당하고 있다.

자본주의 사회의
'잔여=잔여물'

여기서 노동과 경제적 측면에서의 빈곤, 불안정화, 비정규
직화와 박탈, 무력화, 정체성·문화적 차이에 기인한 차별
문제를 교차시키고 동시에 생각해 보자.

　남성의 경제적 빈곤이나 불안정한 고용을 두고 '여성과
성소수자에 비하면 여전히 많은 혜택을 누리고 있다'는 식
으로 비교하거나 일축해 버리기도 한다. 반대로 '장애인
여성에 비하면 건강한 여성은 많은 것들을 누리고 있다'거
나 '재일조선인 여성의 어려움과 일본 국적 여성의 상황을
동일선상에서 비교할 수 없다'는 식의 주장은 찾아보기 어
렵다.

　저스틴 제스트(Justin Gest)의 『새로운 소수자: 이민과 불

평등의 시대, 백인 노동자계급의 정치학 The New Minority: White Working Class Politics in an Age of Immigration and Inequality』(2016)에 따르면 '과거에 존재하던 힘의 환영'과 현재의 '상실감' 사이에서 미국의 백인 노동자계급은 불안과 긴장을 강요받고 있다. 그리고 이로 인해 인종차별 등 '과격화' 현상이 촉발된다고 한다.

백인 노동자들의 과격화와 차별 의식은 그들의 무력감과 '벼랑 끝에 내몰린 상태'를 보여준다.

여기에는 다음과 같은 딜레마가 존재한다. '만약 민족적 소수자들이 우리의 희생을 발판 삼아 지위를 높이려 한다고 불만을 토로하면 인종차별주의자라는 낙인이 찍힌다. 만약 [현재의] 경제 모델이 불평등을 키우고 고용 불안정을 불러왔다고 비판하면 나태한 사람으로 찍힌다.'

저스틴 제스트는 이러한 취약성을 강요받은 백인 노동자들을 소수자와는 또 다른 사람들, 즉 '주변화'된 사람들이라고 불렀다.

오늘날의 글로벌 자본주의는 다양성과 포용성을 주장하면서 국가와 기업에도 이 논리를 적용했다. 있는 그대로 말하면, LGBT와 민족적 다양성마저 대중적이고 세련된

'상품'으로 소비되고 있다.

이때부터 퍼지기 시작한 관념이 있다. 글로벌 시장이 발전하면 문화적 다양성과 관용도 자연스럽게 생기겠지, 자본주의의 힘이 여성의 사회 참여와 LGBT를 향한 우호적 시선 그리고 장애인 배리어 프리(barrier free, 장애인, 고령자, 임산부 등 약자의 생활에 지장을 주는 물리적, 제도적 장벽을 없애자는 운동)를 실현해 주겠지, 하고 말이다.

그런데 이 흐름에서조차 방치된 사람들이 바로 '약자 남성'이 아닐까?

주변화된 '약자 남성'들의 취약성과 불안정성은 경제적 빈곤이나 실업 문제와 반드시 일치하지는 않으며, 정치적 정체성의 인정 문제만으로 볼 수도 없다.

대다수 일반 노동자는 복합적인 차별 상황에서 노동·생활 불안정을 강요받고 있다. 페미니즘과 다문화주의 관점에서 본 다수자 남성은 자각이 한참 부족하고 남성 특권에 사로잡혀 있다고 보일 것이다.

하지만 이는 글로벌 자본주의의 억압과 냉혹한 박탈을 충분히 고려하지 않은 관점이 아닐까?

생각해 보자.

다양성과 포용성을 활용하는 글로벌 자유 자본주의의 '잔여=無'(슬라보예 지젝) 또는 '잔여물'(조르조 아감벤)로 여겨지는 '약자 남성'들. 소수자도 다수자도 아닌. 1퍼센트도 99퍼센트도 아닌 존재.

정치적 올바름의 특징을 띠는 정체성 정치와 재분배 대상에 결코 포함될 수 없는 자들. 글로벌 자본주의에서 계급투쟁의 주체가 될 수 없는 자들. 1퍼센트와 99퍼센트의 대립에마저 낄 수 없는 자들. 룸펜프롤레타리아트(Lumpenproletariat, 자본주의 사회의 최하층으로 계급의식이 희박해 혁명 세력이 되기 어려운 집단)도 아니고, 서벌턴도 아닌 존재.

이들은 다수자 남성 중의 '잔여물', 다수자 남성들의 내부 균열에서 나온 남성들이다. 꼭 경제적으로 불안정하고 빈곤하지 않을 수도 있고, 확연한 차별 대상도 아니지만, 인간의 존엄 자체를 박탈당한 약자 남성들이다.

약자 남성들의 적극적인 속성으로 일컬을 수 있는 약함(정치적 집단성의 근거로서의 약함)이 아니라 '잔여', '잔여물'로서의 약함을 강요받기에 인간의 존엄이 박탈당하고 있다.

'안티'를 넘어 약자 남성론을
다시 발명하기 위해

지젝은 이런 말도 했다. 80퍼센트에 주목하라는 말이, 페미니즘과 계급투쟁이 상충 관계에 있다는 의미는 아니라고 말이다. 이 이야기는 좀 더 미묘하고 복잡하다.

정체성 정치는 종종 저마다의 속성이 가진 특수성에 갇히고 만다. 이러한 경향이 나올 수밖에 없다. 이때 중요한 건 특수성이 아닌 보편성이라고 지젝은 말한다. 어떤 정치적 이데올로기를 절대적 우위에 두라는 의미가 아니다.

그게 아니라, 보편성이 특수한 정체성의 벌어진 틈으로 얼마나 개인의 특수한 정체성을 부수는 '부정적 기능'을 하는지 인식하는 것이다. 아니면, 미국 철학자 수전 벅모스

(Susan Buck-Mors)의 말처럼 '인류의 보편성은 경계선에서 명확해진다.'

우리는 당사자로서 '약자 남성'이라는 말의 의미를 다시 발명해야 한다. 아니면 '약자'나 '약함'의 개념을 새로써 내려가야 한다.

'약자'나 '약함'을 절대 우위에 두고 피해자 의식에 갇히려는 의도가 아니다. '잔여' 또는 '잔여물'로 살아가는 자신을 자각하고, 이 사회의 벌어진 틈=경계선의 시선에서 세상을 바라보고 자유와 행복을 추구하려는 시도다.

다만 위험한 건, '약자'라는 말이 안티 페미니즘과 안티 자유주의의 흐름과 깊게 결합해 왔다는 사실이다.

특히 인터넷에서는 약자 남성론이 '안티'와 함께 묶이는 사례가 많았다.

이를테면 트위터에서 남성 문제를 분석해왔던 @fuyu77는 다음과 같이 지적했다. '약자 남성론의 본질'은 '약자의 개별적 상황보다 페미니즘과의 충돌에 있다.'

그리고 블로그에 게재한 「일련의 '약자 남성론' 언급에서 발견한 '약자 남성' 개념의 핵심과 미래에 보내는 전언:

48

페미니즘과의 충돌」*이라는 글에서 '페미니즘은 남성을 통틀어 '강자(다수자)'로 비판하지만, 남성이 모두 강자는 아니며 약자로 살아가는 남성도 있다는 사실을 인정해 줬으면 한다는 메시지가 핵심'이라고 주장했다.

'남성 대 여성'이라는 이분법적인 대립 구도가 전제되자 일부 남성들은 저항하며 약자성의 의식을 강화해 간다. 그리고 마침내 이 구도 안에서 페미니즘에 대한 적대성을 증폭시키고 '안티' 세력으로 변모한다.

이와 관련해 다음과 같은 주장들을 목격하게 되었다.

- 정치적 인정의 대상이 될 수 있는 여성과 성소수자보다 다수자로 여겨지는 남성 내의 약자가 훨씬 더 불행하고 고독하다.
- 현대 사회의 진정한 피해자는 남성 약자다.
- 여성과 성소수자와 달리 약자 남성들에게는 국가와 사회의 제도적 지원과 배려가 단 하나도 없다.

• https://fuyu.hatenablog.com/entry/2021/04/08/215434

이 중에는 '제도적으로 약자 남성에게 여성을 할당해야 한다'는 소위 '할당론' 같은 과격한 주장도 등장했다. 다만 '할당론'이라는 표현 자체는 오히려 약자 남성론을 비판하는 쪽이 꼬리표를 붙일 때 쓰기도 한다.

이 정도로 극단으로 치닫지 않더라도, 경제적 자립을 이룬 승자 그룹의 약자 여성들은 일도 사회적 인정도 얻을 수 없는 패자 그룹의 약자 남성들을 적극적으로 지지하고 보살펴야 한다고 주장하기도 한다. 약자 남성들에게도 전업주부라는 선택지가 당연하게 주어져야 한다는 것이다.

여성이 자신보다 연봉과 지위가 높은 남성을 배우자로 선택하는 상향혼 현상에 대해, 연봉과 사회적 지위가 높은 여성은 '하향혼'을 해야 한다는 말도 나오고 있다.

잃어버린 세대와 약자 남성

이러한 논의의 시초 중 하나는 아마도 2000년대 워킹푸어 당사자로서 사회를 비판했던 자유기고가 아카기 도모히로赤木智弘의 주장이 아니었을까?

아카기는 『젊은이를 죽게 내버려 두는 국가: 나를 전쟁으로 향하게 하는 것은 무엇인가 若者を見殺しにする国—私を戦争に向かわせるものは何か』(2007)에서 아르바이트로 생계를 이어가는 프리터 등의 남성 약자는 여성 약자보다 사회적으로 더 취약한 위치에 있다고 했다. 여성은 전업주부가 될 수 있지만, 남성이 그렇게 살기는 어렵기 때문이다.

여기에는 '너무도 큰 격차'가 있다고 아카기는 말한다. 그리고 남녀평등이라는 '당연한 가치'를 실현하기 위해서라도 배우자를 도울 여력이 되는 여성 강자들은 남성 약자들을 적극적으로 전업주부로 육성하는 노력을 해야 한다고 했다.

당시 아카기는 전후 민주주의와 자유주의를 상징하는 대표적인 정치학자 마루야마 마사오丸山眞男를 비판했다. 그런 의미에서 이 비판은 PC(Political Correctness) 시대 안티 자유주의의 시초라고 할 수도 있다.

동시에 아카기 식의 안티 자유주의는 앞에서 설명한 맥락의 안티 페미니즘을 싹틔웠다.

2016년 아카기는 「'여존남비' 비판이 지향하는 것은 틀림없이 남녀평등 사회다」라는 글에서 특정 요일 여성에게 할인된 금액으로 영화를 관람할 수 있게 해주는 영화관의 '레이디스 데이'를 예로 들어 '여성은 취약한 위치에 있다'고 전제하는 여성 우대야말로 '여성 차별'이며, 이에 대해 '여존남비'라고 비판할 필요가 있다는 왜곡된 논리를 펼쳤다.

아카기는 왜 자유주의자 마루야마 마사오를 비판했을

● https://www.kk-bestsellers.com/articles/-/2326/

까. 그건 아카기의 내면에 약자 남성의 현실이 있었기 때문이라고 생각한다.

저녁 늦게 아르바이트하러 가면 여덟 시간 동안 제대로 쉬지도 못하고 내내 일하고, 새벽에 집으로 돌아와 TV 보면서 술 마시고 인터넷 서핑도 하다 점심에 잠든다. 저녁에 일어나 TV 보다가 또 아르바이트하러 간다. 이런 생활의 반복이다.

월급은 10만 엔이 조금 넘는다. 기타간토에서 부모님과 함께 살기에 생활은 어떻게든 꾸려간다. 그런데 사실 이 집에 살고 싶지 않다. 부모님과의 사이가 삐걱대는 데다가 차가 없으면 생활이 불편한 이 지역이 싫다. 여기에 있으면 마치 외부와 단절된 것 같다. 가능하면 도쿄의 저렴한 아파트를 빌려 혼자 살고 싶다. 하지만 지금의 주머니 사정으로는 불가능하다. 30대 남자가 거주 장소조차 마음대로 정할 수 없다. 게다가 이 한심한 상황이 언제까지 계속될지 알 수 없다. 아버지가 연로해 일을 나가지 못하면 생계는 보장되지 않는다. _「마루야마 마사오를 후려치고 싶다」

사회의 피해자인 내 생활과 영혼을 구원해 달라. 돈이든 안정된 직업이든 내게 달라. 나는 이미 오랜 시간을 성실하게 일했다. 꾸준히 일하는데 왜 돈도 여유도 넉넉하게 주어지지 않는 거지? 그렇다면 성실하게 일하는 사람이 보상받을 수 없는 이 사회 구조에 근본적인 불평등과 결함이 있는 게 분명하다…….

이러한 상황에 놓여 있던 2000년대의 아카기는 '희망은 전쟁'이라는 일부러 도발하는 글을 썼다. 불안정한 생활의 근본적인 개선을 기대할 수 없다면 나는 '모든 국민이 고통받는 평등'을 바랄 수밖에 없다는 뜻이다.

아카기는 좌파적 자유주의와 우파·보수적 민족주의도 포함하는 전후 민주주의의 '평화'와 '평등'에서 근본적인 기만을 알아차렸다. 그러므로 모든 국민이 평등하게 고통을 겪는 '전쟁'밖에 꿈꿀 수 있는 게 없다고 말한 것이다.

피해자 의식이라는
어둠에 빠지지 않으려면?

이야기는 여기서 끝내지 않고 그다음 말을 이어나갔다

하지만, '그러나'라는 생각을 한다.

그러나 생판 처음 보는 남이어도, 우리를 깔보는 사람이어도 그들이 전쟁에서 고통스러워하는 모습은 보고 싶지 않다. 그래서 이렇게 호소하는 것이다. 내가 전쟁으로 고개 돌리지 않게 해달라고.

아카기는 '그러나 생판 처음 보는 남이어도, 우리를 깔보는 사람이어도 그들이 전쟁에서 고통스러워하는 모습은 보고 싶지 않다'고 말했다. 이 말에는 약자 남성의 아슬

아슬한 논리, 존엄 같은 것이 있다.

그렇다면 우리 역시 페미니즘과 자유주의에 대한 '안티'에서 멈추지 않고, '저쪽에서 먼저 우리를 비판했으니 맞받아쳤을 뿐이다'라고 반격하는 피해자 의식의 논리를 뛰어넘어야 한다.

약자 남성이라는 말을 다시 정의하고 다시 발명해야 한다.

다른 사람과 비교하고 우열을 따지는 것을 넘어 절대적인 기준의 '약함'을 자신의 것으로, 당사자의 것으로 되찾아야 할 때다.

꼬리표처럼 달아놓은 '약자'가 아닌 저마다의 고유한 '약함'을 안고 사는 남성들이 분명 존재한다. 또 그 안에는 여성 혐오와 차별이라는 어둠에 빠지지 않고 살아남은 남성들, 비폭력적이고 해방적인 '약자 남성'들도 당연히 존재한다.

남성 특권을 똑똑하게 반성할 줄 아는 '올바른' 자유주의 사고방식을 가진 남성들에게 위화감이 들면서도, 피해자 의식에 물들어 넷우익이나 안티 페미니즘 투사라는 어두운 구석으로 떨어지고 싶지 않아 방황하는 남성들, 주변적이고 비정규적인 생활 속에서 약함을 안고 살아가는 남성들에게 오늘날의 현실은 상당히 살벌하고 고통스럽다.

약자 남성들은 고된 삶과 취약성이라는 복합적인 요인들로 힘들어하다 일반적인 '국민'이나 '시민'의 틀에서 탈락했다. '평범'하고 '착실'한 생활을 하기 어렵게 되었다.

소수자는 차별당하는 속성을 무기로 내세워 정체성 정치로 전환할 수도 있다. 부당하게 억압된 권리를 주장할 수 있다. 물론 그렇다고 그들의 처지가 더 낫다는 의미는 아니다.

하지만 소수자 속성이 없는 '남성'들은 정치성을 띨 수 없다. 연대도 할 수 없다. 그렇다고 개인이 충분히 성찰할 여유도 없다.

이렇게 되면 내면의 불행, 고뇌 그리고 약함에서 비롯된 마음의 구멍을 메우기 위해 '안티'나 '인셀'의 어둠으로 빠지기 쉽다. '안티'와 '인셀'이 주는 강렬하고 일시적인 감정은 그들을 한 집단으로 묶어주며, 인터넷 전장에서 '적'과 싸우면 적어도 고양감과 보람은 얻을 수 있기 때문이다.

하지만 이 길은 구원으로 향하지 않는, 너무도 슬프고 암울한 길이 아닌가.

약자 남성의 삶을 일상의 고통, 주저와 망설임, 말수가 적어지는 소통의 부재 같은 것이 아니라 긍정적이고 활동적인 다른 형태로 새롭게 제시할 수는 없을까?

주변을 둘러보면 잔혹하고 참담한 상황에 놓여 있어도 어떻게든 어둠으로 빠지지 않고, 혐오에 잠식되지 않고, 필사적으로 '땅에 발을 딛고 사는' 무수히 많은 남성이 존재한다. 이들의 일상 속 꾸준한 노력은 타인과의 비교나 우열과 상관없이 좀 더 인정받고, 존중받고, 존경받아도 되지 않을까?

해방적이고 비폭력적으로 살아가려고 매일 성실히 노력하는 자체만으로도 훌륭하고 착실하고 존엄이 가득 차 있다. '남자다운' 게 아니라 '인간답다'고 말하고 싶은 삶이다. '약자 남성'으로서 '인간답다.'

약자 남성의 인생의 가능성을 긍정하고 존중하는 태도는 이성과 사회의 인정을 얻기에 앞서 약자 남성들이 '자신'의 힘으로 스스로를 돌보거나 남성들끼리의 연대를 통해 실천해야 하지 않을까?

그런 생각이 든다.

남성학은 여성학과 페미니즘에서 제기하는 문제를 수용

해 남성들이 자기 자신에게 다시 묻는 학문이다. 남성해방
운동(Men's Liberation)은 여성해방운동(Women's Liberation)
을 받아들이는 생활 개선 운동이라는 측면도 있다.

현대적 남성 약자론은 남성이 처한 힘든 상황에 대한 소
극적인 반응만 다룬 면이 있다. 이제 우리는 약자 남성론
을 소극적인 반응이 아닌 적극적인 행동으로 재부팅해야
하지 않을까?

'이성이 인정해 주길 기다린다'가 아니라, '안티'로 원
한을 푸는 게 아니라, '내가 나를 긍정한다'는 자기 긍정의
힘, 자기 존중의 힘을 능동적으로 추구하고 욕망하는 게
낫지 않을까?

그러기 위해서는 SNS '안티' 활동에 의존하거나 게임처
럼 상대를 공격하는 일을 주저 없이 일상에서 놓아버려야
한다.

'잔여', '잔여물'로 살아가는 '약함'에서 끌어낸 긍정성
을 지금까지와는 다른 인생을 위해 실천적으로 활용해야
한다.

능력주의의 폭력

공동체주의자 철학가 마이클 샌델은 『공정하다는 착각 The Tyranny of Merit: What's Become of the Common Good?』 (2020)에서 현대 사회의 능력주의와 도덕적 차원의 결탁을 비판했다.

사회의 승자와 엘리트들은 자신의 능력으로 쟁취한 그 모든 게 노력 덕분이라고 인지하는 경향이 있다. 하지만 이는 왜곡된 도덕관에서 생긴 사고방식이다.

이들은 능력이 뛰어난 사람이 경제적 보수를 많이 받는 것은 당연하다고 생각한다. 하지만 이들 대다수는 태어나면서부터 자신의 실력 외에 부모와 태어난 국가로부터 혜택을 받았다는 사실을 외면한다. 태어날 때 '우연히' 생긴 차이와 불평등을 망각한다.

이를테면 대학교 부정 입학은 불공정하다고 비판하는 사람들도 입시에 관해서는 공정한 기회의 평등(순수한 노력과 능력에 따른 결과)이 보장되면 문제없다고 생각할 것이다. 또는 많은 자유주의자는 기회의 평등을 보장하기 위해서 인종과 민족을 심사 요건에 넣는 적극적 소수집단 우대정책(affirmative action)이 필요하다고 주장할 것이다.

그러나 이 경우에도 해결되지 않는 문제가 있다. 대학 입시의 공정을 담보한다 해도 부유한 가정과 빈곤한 가정에서 태어난 아이들 사이에는 타고난 불평등과 능력의 격차가 존재하기 때문이다.

그런데도 '불평등한 사회의 정점에 오른 사람들은 자기의 성공이 도덕적으로 정당하다고 믿고 싶어 한다. 능력주의 사회에서 이 말이 의미하는 바는 다음과 같다. 즉 승자는 자신의 재능과 노력으로 성공을 쟁취했다는 믿음이 있어야 한다는 것이다.'

1958년 출간된 영국 사회학자 마이클 영의 『능력주의 The Rise of the Meritocracy』는 능력주의(meritocracy)라는 용어가 처음 등장한 고전적인 소설이다.

능력주의란 능력이 있는 사람들이 지배하는 체제를 일컫는다. 이 책에서 마이클 영은 전근대적인 귀족주의 (aristocracy)보다 근대적인 능력주의가 더 우수하다고 주장하지는 않는다. 그는 21세기가 되면 기술 발전으로 아직 태어나지도 않은 아이의 지능과 능력을 알 수 있게 되면서 새로운 능력 계급이 탄생할 것이라며, SF 디스토피아 사회를 예언하기도 했다. 이것은 유전자에 따른 능력주의 계급 사회가 도래한 세상을 그린 영화〈가타카〉(1998)를 연상시킨다.

마이클 샌델은 『공정하다는 착각』에서 현재 미국 사회는 성차별이나 인종차별은 절대로 용납하지 않으면서, 특히 학벌주의=학력 차별(그리고 학력에 따른 능력주의) 문제는 가볍게 넘긴다고 지적했다.

'부정의'보다
'굴욕'이 문제다

마이클 샌델은 이렇게 지적한다. 최근 각지에서 분출하는 포퓰리즘의 배경에는 '부정의의 정치', 즉 정의가 정치적으로 실현되지 않는 데서 오는 분노의 문제보다는 '굴욕의 정치' 문제가 있다.

그가 말하는 '굴욕의 정치'란 무엇일까?

성차별, 인종차별 등의 부정의에 대해서는 언론에서 공개적으로 비판할 수 있다. 그러나 능력, 학력을 둘러싼 격차는 어디까지나 사적 영역, 자기책임의 문제로 다루어진다. 결국 개개인의 내면에 감정적 왜곡(굴욕)이 쌓이게 된다. '부정의에 대한 항의는 외부로 향하'지만, '굴욕에 항의하는 경우 (중략) 그 끝은 자기 불신이다.'

능력주의에서 오는 굴욕감은 자유주의적 정의를 추구하는 관점에서는 파악하기 어렵다.

샌델은 여기에서 중요한 문제점을 발견한다. '현재 미국 정치에서 가장 심각한 정치적 단절 중 하나는 대학교 학위가 있는 사람들과 학위가 없는 사람들 사이에 존재'하지만 이를 공공연하게 드러내지 못한다. 학력과 능력이 부족하다고 인정하는 것은 곧 '우둔하다(stupid)'고 인정하는 셈이 되어, 자기 부정적 '굴욕'이 치밀어 오르기 때문이다. 적어도 도널드 트럼프는 굴욕의 정치에서 학력이 어떻게 쓰이는지 직관적으로 잘 이해했다고 분석한다.

그리고 이 '능력주의적 오만'은 심지어 '자유주의'를 옹호하는 오바마 전 미국 대통령도(이 사람이야말로) 계승하고 있다. 오바마는 연설에서 인간은 '영리해야(smart)' 한다고 강조하는 특징이 있다.

정의/부정의의 대비는 그대로 영리하다/우둔하다의 대비와 중첩된다. 즉 현대 시민은 우둔함을 용납하지 못한다는 뜻이다. 영리해지지 않으면 무의식적으로 소수자를 차별하게 되므로, 우둔하게 살겠다는 건 대체로 차별주의자로 살겠다는 것과 똑같다고 여기기 때문이다.

다른 사람을 차별하는 인간은 우둔한 인간이라는 영리함/우둔함 비교에서 얻는 은밀한 우월감이야말로 현대적 '굴욕의 정치'를 유지·강화한다.

능력과 실력이 뛰어난 사람들이 그 결과에 합당한 대가와 평가를 받는 능력주의가 만연해서 '공정한 정의'가 실현되는 사회이기 때문에(인데도 그런 것이 아니라) 정치적 굴욕이 생기는 것이다. 굴욕의 정치에는 이런 딜레마가 있다.

능력주의에서 실현된 정의는 성공한 자들에게 도덕적 오만을, 실패한 이들에게는 늘 굴욕을 심어준다. 시장의 이익과 도덕적 우위를 결합한 능력주의는 원리적 필요성에 따라 오만/굴욕의 단절을 재생산하고 사회의 공공선(common good)을 잠식한다.

'우둔함'과 '굴욕'의 문제는 '약함'을 둘러싼 문제에도 깊이 관련된다.

현대 일본 약자 남성들의 '약함'은 그 사람의 '우둔함'으로 여겨지고, 다수자 남성이 '우둔한' 것은 어디까지나 본인의 책임이며 다른 차별 문제와는 달리 '공정한 정의'의 문제로 대두되지는 않는다. 하나에서 열까지 다 자기 탓이라는 시선을 받는다.

그래서 약자 남성들이 근본적인 굴욕을 강요당하고 인간으로서의 존엄마저 강제로 박탈당하고 있는 것이 아닐까?

약자 남성들은 '우둔'한가

최근 많은 사람이 '우둔함=약함'에 대한 굴욕과 관련해서 하는 말이 있다. 지금에 와서 고전적 의미의 마르크스주의적 계급론과 이에 근거한 연대와 집결로 돌아갈 수는 없지만, 시대 상황에 대응한 '새로운 계급 정치'가 필요하다고 말이다.

영국의 젊은 저널리스트 오언 존스의 『차브 Chavs: The Demonization of the Working Class』(2011)에 따르면, '차브'는 차별적인 표현으로 '주로 노동자계급을 모욕하는 말'이다.

이 말의 대상이 되는 사람들에게는 '급격히 늘어나는 거친 하류계급'이라는 이미지가 따라붙는다. 차브는 '아이'를 뜻하는 롬(집시) 언어에서 유래했다고 한다.

이 책의 서두에서 오언 존스는 런던 동쪽의 고급 주택가에 사는 친구가 초대한 저녁 식사에서 겪은 인상 깊은 일화를 들려준다.

발단은 집주인이 별생각 없이 말한 가벼운 농담이었다. "울워스(대형 마트)가 망하다니 유감이야. 차브는 이제 어디서 크리스마스 선물을 사라는 거지?"

이 말에 언짢아하는 사람은 그 자리에 아무도 없었다. 도리어 그의 농담에 함께 웃었다고 한다. 중요한 건, 이 집주인은 스스로 편견이 있다고는 한 번도 생각해 본 적 없는 인물이었으며, 이건 그 자리에 모인 다른 사람들도 똑같았다.

그들은 교양이 있고 관대했으며 전문직에 종사하는 이들도 꽤 있었다. 그리고 인종이 다양했고 성비도 반반에다 동성애자도 있었다고 한다. 정치적 입장은 대부분 중도 좌파였다. 만약 그 자리에서 다른 인종을 모욕하거나 성소수자를 놀리는 발언을 하는 사람이 있었다면 '당장 그 자리에서 쫓겨났을 것이다.'

그러나 그들은 노동자계급을 업신여기는 '차브' 농담은 대수롭지 않게 넘어갔다.

오언 존스는 당시의 농담을 이렇게 기록했다. '그때 나는 수백 년 전부터 존재하던 장면을 바로 눈앞에서 목격했다. 부유한 자가 가난한 자를 조소하는 장면을. 노동자계급 혐오가 왜 이토록 사회에 만연해 있는지 생각할 수밖에 없었다. (중략) 노동자계급은 아무리 깎아내려도 용납되는 것 같다.'

실제로 '영국 사회의 큰 부분을 차지하는 노동자계급에게 공포심을 느끼는 중류계급'의 심리를 이용한 산업도 증가했다고 한다.

성차별과 인종차별은 용인할 수 없으면서, 노동자계급의 경제적 빈곤과 비참한 삶은 자기책임으로 치부하고 그들을 차별 대상이자 공포와 모멸의 대상으로 간주한다. 노동자계급을 '야생화된 하류계급'으로 보는 것이다.

존스는 책에서 말한다. '지금 차브라는 말에는 노동자계급과 관련된 폭력, 나태, 10대 임신, 인종차별, 알코올 의존증 등 온갖 부정적인 특징이 들어 있다.' 그러면서 '차브 혐오'가 만들어졌다.

중류계급의 무의식적인 편견을 들여다보면 고전적 의미의 노동자계급은 사라졌고 이제는 '차브'만 존재한다.

전통적 의미의 '노농자계급'은 '무능한 차브라는 찌꺼기'로 대체되었다.

차브 혐오의 핵심에는 '우리는 모두 중류계급'이며 우리는 '노동자계급의 종착지인 차브'와는 다른 존재라고 선을 긋는 의식이 잠재해 있다.

오언 존스는 자유를 옹호하는 좌파마저 노동자계급을 무시하고 문화적 정체성 정치로만 치우쳐 있다고 한다. 이런 상황일수록 '새로운 계급 정치'를 형성할 필요가 있다고 제안한다. 이 계급 정치에서는 경쟁과 평가에서 탈락한 비정규직들을 끌어안는 소통이 중요하다고 한다.

여기서는 '약자 남성'의 존재를 고전적인 의미의 노동자계급 문제로 보거나, 마이클 샌델이 말한 미국의 능력 차별 문제로 바라볼 마음은 없다. '무능하고 우둔한 잔여물'로 여겨지는 '약자 남성'들이 왜 이토록 존재감이 없는 사람들이 되어 가는지 고찰하고 싶을 따름이다.

세상은 약자 남성들을 반성과 자각이 부족한 우둔한 인간으로 여긴다. 너희들이 우둔하니까 다른 사람을 차별하고 증오하는 거라고 말이다. 그렇게 근본적인 굴욕감을 강요받는다.

하지만 정말로 그럴까?

여러 의미가 중첩된 비정규적 존재로 살아가는 현대의 약자 남성들은 어떻게 하면 인간적인 존엄을 회복할 수 있을까?

남자가 괴롭다

이 책에서 말하는 '약자 남성'의 '약함'(취약성)은 여성·성소수자·자유주의에 반대하는 '안티'가 아니라 주변성과 비정규성을 의미한다.

한 마디로 약자 남성은 비정규화, 주변화된 다수자 남성들을 가리킨다.

정규직 고용, 표준적인 가족상, 정해진 궤도로 운행하는 인생, '남자다움', 지배적인 남성성 등의 '정규성＝정답'에서 탈락하고 이탈한 다수자 남성 중 일부. 이들이 약자 남성이다.

이를 단순히 개개인의 운이 있고 없고, 행복하고 불행하고의 문제로 치부하면 자기책임의 문제밖에 되지 않는다.

돈이 많고 잘생겼어도 불행한 사람이 있고, 가난하지만 행복한 사람도 있는 법이다. 이야기가 그런 식으로 흘러가면 비정규성의 의미가 퇴색된다.

특권 집단인 다수자 남성들 사이에도 여러 층이 있다고 앞서 설명했다. 다양한 형태로 정규성에서 탈락한 남성들, 남성학에서 종속적 남성 또는 주변적 남성으로 불리는 이들이 존재한다. 이 '약함'은 때때로 사회적 시선이 잘 닿지 않는 모호한 회색지대에 있다.

이중 절반은 제도와 사회 문제이며, 나머지 절반은 개인의 문제, 실존의 문제라고 할 수 있다.

가령 '남성의 괴로움'에 대해 이야기해 보자. 남성 특권이 있다고 알려진 다수자 남성들에게 '괴로움'이란 무엇일까?

'남자도 괴롭다' '남자인 우리도 힘들다'라는 식으로 말하면, 여성이나 성소수자와 비교 선상에 올려놓고 '여성과 성소수자도 괴롭겠지만 남성도 괴롭다'는 우열을 가리는 뉘앙스로 들린다. 아니면 그들의 외침에 함께 반응하는 셈이 된다.

반면, '남자는 괴롭다'라고 말하며, '보통의 남성들은 괴롭다'는 피해자 느낌을 강조하는 의미가 되어 주어(우리들 =남성들)의 존재가 비대해진다.

페미니스트 에하라 유미코(江原由美子)는 '남성의 괴로 움'에 공감하는 자세는 중요하지만, '남성의 괴로움에 초 점을 둔 남성학'(男はつらいよ型男性学) 같은 발언이 과거의 남성 특권을 되찾겠다는 의미로 해석되면 성평등을 주 장하는 쪽과는 정반대가 돼버려 '페미니즘 때리기' '소수 자 때리기'로 변질될 수도 있다고 말했다. 「페미니스트인 나는 '인생이 고된 남자'의 문제를 어떻게 생각하고 있을 까?: 괴로운 마음에 공감하는 건 당연하지만…」•

그렇다면 '남자가 괴롭다'는 뉘앙스는 어떨까? 다른 사 람과의 비교나 우열을 논하지 않으면서, '내 입장'에서는 정규의 '남자다움'이라는 규범성 자체가 괴롭고 숨 막힌 다는 뉘앙스가 된다. 그리고 남성 특권이 회복되는 것을 목표로 삼지 않고, '평등'으로 나아가는 '고된 인생'을 선 택한다는 선언이 될 수 있지 않을까?

에하라 유미코는 이렇게 말했다.

• https://gendai.ismedia.jp/articles/-/66706

'남성의 괴로움에 공감하면서 남성 정체성을 넓힌다'와 같은 세심한 남성학의 앞날을 기대해 본다.

남자가 괴롭다.

다수자 남성들이어도 이렇게 말해도 된다. 목소리를 내도 괜찮다. 고뇌하는 목소리를 높여도 된다.

이 '괴롭다'에는 분명 사회적·제도적 요인 등 여러 복잡한 문제들이 얽혀 있다.

중요한 건, 약자 남성 당사자들이 이 '괴로움'을 자신의 문제로 받아들이고 스스로의 힘으로 내면에서부터 풀어나가는 것이다.

나를 '괴롭게' 만든 '적'이 어딘가에 있다. 이런 얕고 성급한 이야기만 해대면 '안티 페미니즘 음모론' 또는 '안티 자유주의'로 치달을 수밖에 없다.

약자 남성에게 존엄이란?

예전에 전작 『인기 없는 남자의 품격』에서 논의하는 주제가 넷우익이나 미소지니스트(Misogynist, 여성 혐오자)와 종이 한 장 차이 아니냐는 지적을 받았다.

내게는 분명 여성 혐오와 종이 한 장 차이의 여성 공포 같은 것이 있다. 이 사실을 부정하지 않는다. 부정할 수 없다.

하지만 나는 이 사실을 받아들였고, 인기 없는 남성에서 공격적인 인셀로 변질될지도 모르는 인간에게 남아 있는 존엄('약자 남성의 존엄'은 '남자의 자신감'과 다르다)을 비폭력적이고 반차별적인 형태로 꺼내고 싶었다.

『인기 없는 남자의 품격』에서는 의존증 환자의 경험을 바탕으로 남자의 약함이란 자신의 약함을 인정하지 못하는 약함이라고 주장했다. 또 무지와 무력함을 받아들이고, 자신을 긍정하고 존중하는 것이 중요하다고 썼다.

어쩌면 지위와 권력이 있고 특권에 대한 자각이 없는 남성들보다 약자 남성들이 아직은 더 '해방'에 가깝지 않을까?

해탈론 같은 종교적 이상론으로 들릴 수도 있다. 그런 면이 없다고 말하지 않겠다. 그러나 남성해방운동의 관점에서 본 '해방'의 의미는 종교적 '구원'과 분명 다르다.

우리의 질문은 이미 개인적이고 실존적인 문제를 넘어 비정규 남성들, 약자 남성들이 인생관을 어떻게 다시 정립할지, 이 사회를 어떻게 바꿔나갈지에 대한 집단적 차원의 논의에 이르렀다.

인정 욕구가 채워지지 않으면 피해자 의식과 공격성이 생긴다.

그렇다면 차라리 타인의 인정을 기대하지 말고, 좀 더 능동적으로 당사자 의식을 가져야 하지 않을까. 자신을 소수자, 사회적 약자로 보지는 않겠지만 비정규 남성(약자 남성)임을 인지해야 한다.

인정에서 자각으로. 그리고 책임으로. 약자 남성으로 살아가는 우리들 또한 이러한 의식으로 각성해야 한다.

비정규적이고 주변적인 남성들은 어쩌면 남성 특권에 보호받은 패권적인 '남자다움'과는 다른 가치관, 즉 성과주의, 능력주의, 우생학, 가부장제 가치관을 대체할 급진적이고 근원적인 가치관을 발견해낼 기회를 얻은 것일지도 모른다.

누구에게도 사랑받지 못하고 인정받지 못하고 돈도 없고 무지하고 무능한 남성들이, 누군가를 미워하거나 공격하는 행동을 극복하고, 행복하고 착실하게 살아간다면 그것 자체로 혁명적인 실천이 아닐까?

이러한 생활 방식, 이렇게 '인생을 살아가는 자세'는 같은 길을 뒤따라올 남성들에게 작은 빛과 용기를 줄 것이다.

약자 남성들의 질문은 여기에서 시작한다.

제 2 장

중장년 남성들에게
고독이란?

통계로 본
일본의 성별 격차

1장에서는 약자 남성 당사자의 눈으로 세상을 보았다. 2장에서는 한 발 뒤로 물러나 통계 데이터 등을 통해 일본의 성별 격차가 어느 정도인지 살펴본다. 그러고 나서 일본 남성들이 놓인 상황을 고찰해 보려 한다.

세계경제포럼의 '2021년 세계 젠더 격차 보고서'[•]에 따르면 일본은 156개국 중 120위였다. 일본 내각부 남녀 공동 참가국[••]에서 발행한 홍보물 〈공동참가共同参画〉 2021년 5월호에서는 이 지표를 두고 '선진국 최하위 수준, 아

[•] https://www.weforum.org/reports/global-gender-gap-report-2021
[••] https://www.gender.go.jp

시아 국가 중 한국, 중국, 아세안보다 낮은 결과'라고 표현했다.

이 보고서에서는 젠더 격차 지수를 경제, 정치, 교육, 건강, 네 부문으로 평가하는데, 일본 여성의 정치 참여율(국회의원 남녀 비율, 각료 남녀 비율 등)은 156개국 중 147위로 한눈에 봐도 상당히 저조했다. 여성의 공평한 경제활동 참여 기회도 117위로 매우 낮은 수치였다.

교육 분야는 92위로, 이마저도 낮은 편이었다. 일본 여성의 초등교육 취학률과 문해율은 1위다. 그러나 고등교육 취학률은 110위로 떨어진다. 참고로 선진국 중 여성의 대학 진학률이 남성보다 저조한 국가는 거의 없다. 일본에 2년제 단기 대학이 많다는 특수성이 작용한 것으로 보인다.

일본은 대체로 건강, 의무교육 부문에서는 우수했다. 하지만 여성의 정치 참여, 고용 기회, 노동 환경 부문에서는 격차가 상당했고, 고등교육에서도 차별이 확인되었다. 이런 상태는 당분간 계속될 것 같다.

여성의 사회 진출이 늘어났다고만 막연하게 알고 있지만, 두말할 필요 없이 여성의 고용 형태는 비정규직이 많다. 현재 여성의 비정규직 비율은 여전히 남성의 두 배 이상이다. 남성의 평균 임금은 여성의 1.5배이고 관리직의 90퍼센트는 남성이며, 국회의원의 약 90퍼센트는 남성이다.

또 일본은 여성이 가장인 한부모가족의 빈곤율이 비정상적으로 높다고 알려져 있다. 일본만큼 싱글맘의 노동시간이 많은 국가는 적다. 국가 지원이 부족하므로 일하면 일할수록 궁핍해진다. 그만큼 왜곡된 사회 구조다. 그런데도 싱글맘에게는 생활보호 배싱(bashing, 맹비난)과 관련된 꼬리표가 달린다. 실제 수급자는 주로 병든 고령자와 중증 장애인인데도 말이다.

일본 여성의 노동 참여율은 높은데 그중 비정규직 비율이 매우 높다는 건 불평등한 성 역할 분업이 뿌리 깊게 박혀 있다는 뜻이다.

OECD 조사 결과에 따르면, 전 세계적으로 여성이 남성보다 육아·집안일 등의 무보수 노동을 1.9배 더 하는데, 일본에서는 이 격차가 5.5배에 달해 선진국 중 최대치를 기록했다. 도쿄대 경제학자 야마구치 신타로(山口慎太郎)가 「가정 내 남녀 격차가 큰 일본, 남성을 가정으로 돌려보내자」라는 글에서 '경제·노동 시장 내 남녀 격차와 가정 내 남녀 격차는 표리일체의 관계다'라고 한 말이 생각난다.

2016년 총무성에서 실시한 기혼 남녀의 일주일간 집안 일 평균 시간을 조사한 결과에 따르면, 남성은 49분, 여성 은 4시간 55분으로 집안일 대부분이 아내 몫이었다(「2016 년 사회생활 기본 조사 결과」, 총무성 통계국)**.

수치를 보면 남성도 60대가 되면 집안일을 많이 하는데, 이는 퇴직 후 집에 있는 시간이 늘어났거나 아내가 세상을 떠나 직접 할 수밖에 없는 경우가 늘었기 때문이라고 추측 된다. 여하튼 일본 내각부에서 실시한 「2020년 고령자의 생활과 의식에 관한 국제 비교 조사」***에 따르면 일본의 고령 남성 중 '집안일을 한다'고 대답한 비율은 26.6퍼센 트로, 조사 대상 4개국(일본, 미국, 독일, 스웨덴) 중 최하위였 다. 나머지 3개국은 모두 70퍼센트 이상의 고령 남성이 집 안일을 한다고 대답했다.

---

* https://style.nikkei.com//article/DGXKZO71874570U1A510C2TY5000/
** https://www.stat.go.jp/data/shakai/2016/kekka.html
*** https://www8.cao.go.jp/kourei/ishiki/r02/zentai/pdf_index.html

남성 특권이 있는데도
왜 남성이 더 불행할까?

'남성은 여성보다 유리한 위치에 있다' '남녀 격차가 크다' 는 사실은 수치를 보면 의심할 여지가 없다. 그런데 일본 남성들이 별로 행복해 보이지 않는 이유는 무엇일까?

NHK 시사 프로그램 〈클로즈업 현대〉에서 방영한 '2014 남자는 괴롭다. 1,000명의 마음의 소리' 편이 화제를 모았 던 적이 있다. 방송에서 보도한 통계에서 '지금 행복하다 고 느끼는 남성은 30퍼센트 미만'이었다. 일본 남성의 행 복도는 전반적으로 여성보다 낮았다.

일본 내각부 남녀 공동 참가국이 발행한 〈2014년도 남 녀 공동참가 백서〉• 보고서 중 〈특집 변화하는 남성의 직 업과 삶〉도 주목받았다. 이 특집에서는 2001년도 발행 이래 처음으로 남성 문제를 다루었다.

'지금 행복하다'고 느끼는 남녀를 취업 형태별로 분석해 보니 '정규직 고용'을 제외한 모든 부문에서 여성의 행복도가 남성보다 높았다. 남녀 모두 행복도가 가장 높게 나온 집단은 '학생'이었고, 행복도가 가장 낮게 나온 집단은 '실업자'였다.

'학생' 다음으로 행복도가 높은 순서는, 남성은 자영업자·가족의 자영업을 돕는 가족 구성원, 정규직 고용자, 퇴직자 순이었다. 한편 여성은 퇴직자, 주부, 자영업자·가족의 자영업을 돕는 가족 구성원 순이었다. '비정규직 고용자'의 행복도는 남녀 모두 평균을 밑돌았다. 다만 중요한 건, 여성은 '정규직 고용자'도 '비정규직 고용자'와 거의 같은 수준으로 행복도가 낮았다.

정리해 보면, 남성은 전반적으로 행복하다고 느끼는 비율이 여성보다 낮다. 다만 정규직 고용자에 한해서는 여성보다 남성이 행복하다고 느끼는 비율이 높다.

여성이 주부나 퇴직자 또는 자영업자·가족의 자영업을

• https://www.gender.go.jp/about_danjo/whitepaper/h26/zentai/index.html

놉는 가속 구성원인 경우, 행복하다고 느끼는 비율이 높다. 반면, 정규직으로 일하는 여성의 행복도가 두드러지게 낮다는 특징이 보인다. 정규직으로 일하는 남성의 행복도가 상승한다는 결과와 확연히 대비된다.

여성 정규직 고용자의 낮은 행복도는 일본의 고용 환경에서 여성이 얼마나 일하기 힘들고 행복과 동떨어진 삶을 사는지 보여준다.

뒤집어 말하면, 퇴직하거나 정규직 고용에서 밀려나면 남성들은 불행해질 리스크가 커진다. 이 소소하고 당연한 사실을 왜 '소소하고 당연하다'고 생각하고 있는지 진지하게 다시 바라볼 필요가 있다.

가정 내 성별 격차

통계는 가정 내에 두드러진 성별 격차를 보여준다.

일본 사회의 흐름을 간략하게 말하면, 전후 일본의 남성들은 일본형 고용 시스템(종신고용, 연공 서열, 기업 복지 등)이라는 사회에 귀속되어 생활의 많은 부분을 일에 내어주고 급여 소득으로 아내와 아이를 부양하는 것이 일반적이었다.

오사와 마리(大沢真理)의 『현대 일본의 생활보장체계: 좌표와 행방 現代日本の生活保障システム―座標とゆくえ』(2007)에 따르면, 일본에는 1980년대 다른 선진국보다 강도 높은 '남성 외벌이 중심형'의 생활 보장 시스템이 완성되었다고 한다.

확실히 이 시스템은 고용과 생활의 장기적인 안정을 가

져왔다. 그러나 이 안정은 장시간 노동, 전근 리스크, 과중한 업무 부담 등의 대가였다.

게다가 이 시스템은 '남편은 일+아내는 가사와 아르바이트 노동'이라는 성 역할 분업을 대전제로 한다. 아내가 집안일·육아·돌봄을 전담하는 시스템이다. 1985년 이미 남녀고용기회균등법이 제정되어 여성차별철폐협약을 비준했는데도 현실은 그러했다.

이 당시에는 '남성 회사원+전업주부 또는 부업을 하는 주부+자녀'라는 가족상이 이상적인 모델이었다. 개인의 소속과 생활 보장은 국가가 제공하는 보장보다도 '회사'+'가족'으로 유지된 측면이 있다. 혼자 사는 세대, 맞벌이 세대는 세금 제도·사회 보장제도 면에서 불리했다.

사실 이 시스템이 일반화된 이유는 전후라는 특정한 시기였기 때문이다. 이는 결코 보편적이지도 당연하지도 않았다.

전후 일본은 경기 변동과 경제 위기 등의 리스크를 비정규직 시간제 노동자에게 구조적으로 떠넘기면서 극복해왔다. 역설적으로 시간제 노동자와 주부가 남성 정규직 사원들을 지키기 위한 완충재 역할을 한 것이다. 인력 사무

소의 돌봄노동 보수가 주부를 기준으로 책정되면서, 돌봄노동자들의 저임금 문제는 지금까지도 이어지고 있다.

하지만 1990년대 이후, 고용·노동·경제구조가 포스트공업화 사회로 크게 변모하면서 남성들의 생활 방식은 불안정해지고 불확실해졌다.

여러 선진국에서 규제를 완화하면서 비정규직 노동자 수가 세계적인 차원에서 늘어났다. 노동의 형태는 서비스 노동화, 돌봄 노동화 등 '여성화'되었다. 뒤집어 말하면, 남성들도 다양한 대인 서비스와 돌봄 노동과 관련된 능력을 요구받기 시작했다.

세계화가 진전되면서 인재 배치·활용이 유연해지고, 제품 생산 과정은 세분화되었으며, 각종 사업과 업무들이 외주화했다. 고객 니즈가 다양해지면서 이에 대응하기 위해 영업·업무 시간은 늘리는 반면, 비용은 한층 더 절감하기 위해 노동자 수를 유연하게 조절하게 되었다.

이에 따라 가족 생활상도 불안정해졌다. 미혼화, 만혼화, 비혼화라고 불리는 현상들이다.

당연히 남성들도 자연스럽게 집안일·육아·돌봄의 적극적 분담을 요구받기 시작했다. 1999년에는 후생성이 '육아하지 않는 남자를 아버지라고 부르지 않겠다'고 선언했고 이후에는 '육아남' 등의 신조어가 등장했다.

이렇게 기존의 생활 방식이 무너지는 가운데 남성들은 일과 가정의 균형과 조화를 다시 정립해야 했고 그 결과는 자기책임으로 받아들일 수밖에 없었다.

사회 구조와 경제 상황은 크게 변화했지만, 일·생활의 모델은 '남성 외벌이 모델'의 '남자다움'에 머문 채 새로운 모델을 좀처럼 찾지 못하고 있다.

고령 남성들의
성적 고독감

고령 남성들의 의식을 조사한 통계 결과를 보면, 신기할 정도로 나이가 들어도 의식 수준은 '성숙'도 '성장'도 하지 않아 적잖이 놀랐다.

고령이 되어도 젊은 여성과 성관계를 원하거나, 아내의 돌봄과 정신적 지지를 받는 인생이 행복하다는 느낌은 그대로였다.

사회학자 사카츠메 신고(坂爪真吾)의 『섹스와 초고령사회: '노년의 성'과 마주하자 セックスと超高齢社会—「老後の性」と向き合う』(2017)에 따르면, '죽기 전에 해보고 싶은 일'에 대한 질문에 불타는 연애라고 대답한 사람이 예상보다 많았다고 한다.

남성 고령자의 욕구와 관련해 '시니어를 위한 성애 강좌' '하반신 노화 방지' 등 '죽기 전까지 섹스'라는 풍조를 부추기는 시장도 있다. 사카츠메 신고는 애인 계약 시장, 성인 콘텐츠 고령화 등을 예시로 들었다. 고령자 스토커도 문제라고 지적하고 있다.

이러한 배경에는 일본 고령 남성들의 고독감이 있다.

나이에 맞게 늙어 가면 성욕과 인정 욕구 문제는 자연스럽게 해결되고 인생도 달관하게 될 거라고 막연하게 생각하는 사람도 많다. 그러나 생각만큼 쉬운 일이 아니다. 권력과 지위를 가진 일부 남성들만의 문제가 아니다.

배우자를 잃은 남성은 상실감 때문에 행복도가 매우 낮아진다고 알려져 있다.

그에 비해 여성은 남편이 세상을 떠나도 남성만큼 행복도가 낮아지지 않는다. 그 이유는 평생 쌓아온 동성 친구 관계, 지역 커뮤니티 관계가 있기 때문이라고 한다. 애초에 여성은 남편 한 사람에게만 의존하지 않는다. 여기저기 발이 넓어 남편과의 사별 후에도 즐겁게 지내는 비율이 남성보다 높다.

후생노동성 통계에 따르면, 50세 이상 부부의 이혼 건수는 1970년에는 5,416건이었다. 그런데 1990년부터 2000년 사이에 이혼율이 급증하더니 최근에는 약 6만 건 정도다. 40년 사이에 약 10배로 뛰었다.

그 원인 중 하나로 이혼할 때 연금의 최대 절반을 아내가 받을 수 있게 된 2007년 연금 분할 제도 개혁이 꼽히는데, 물론 원인이 이것 하나는 아니다. 참고로 통계적으로는 무직 고령 남성의 경우, 가사 분담률이 낮을수록 황혼 이혼율이 높아지는 경향이 있다.

세계 가치관 조사(World Values Survey)의 '당신은 얼마나 행복합니까?'라는 질문에 대한 조사 결과를 토대로 교육 통계학자 마이타 도시히코(舞田敏彦)는 「중장년 미혼자의 불행감」•에서 30대부터 50대 일본인 남성을 '기혼자'와 '미혼자'로 분류해 행복도 수준을 비교했다. 이중 '전혀 행복하지 않다'고 대답한 기혼자는 단 6.5퍼센트였다. 그에 비해 미혼 남성(독신 남성)은 무려 43.5퍼센트가 '전혀 행복하지 않다'고 대답했다.

더욱이 미혼 남성은 행복도만 낮은 게 아니라 건강에도

• https://tmaita77.blogspot.com/2015/06/blog-post_7.html

적신호가 켜져 있었다. 미혼 남성이 심근경색으로 사망할 확률은 기혼 남성의 3.5배, 심장발작으로 사망할 확률은 2.2배, 호흡기 질환으로 사망할 확률은 2.4배였다. 그리고 미혼 남성의 자살률은 기혼자에 비해 45세부터 50세까지는 2.1배, 55세부터 60세까지는 2.4배였다.

이뿐만이 아니다. 미우라 아츠시(三浦展)의 『하류노인 행복노인: 자산이 없어도 행복한 사람 자산이 있어도 불행한 사람 下流老人と幸福老人―資産がなくても幸福な人 資産があっても不幸な人』(2016)에 따르면, 1인 가구 고령 남성은 자녀와 손주가 있어도 행복도에 별로 영향을 주지 않는다고 한다. 그러나 1인 가구 고령 여성의 경우, 비록 멀리 떨어져 살아도 자녀와 손주의 존재가 행복도를 올려주는 큰 요인이라고 한다.

또한, 고령 여성의 행복도는 친구 수에 비례하는 데 반해, 남성은 친구 수와 행복도의 상관관계가 낮았다. 이는 남성이 친구의 양보다는 질을 추구하는 경향이 있기 때문이라고 한다. 특히 학창 시절부터 사귄 친구가 있는가가 큰 영향을 미친다고 한다.

1인 가구 고령 남성은 동성 친구보다는 친밀한 여성의

존재가 행복도에 더 큰 영향을 미친다. 가깝게 지내는 여성이 없는 남성 중 행복한 남성의 비율은 32퍼센트, 가깝게 지내는 여성이 있는 남성 중 행복한 비율은 58.3퍼센트로 두 배 가까이 차이 난다. 여성의 경우 이성 친구의 유무에 따른 행복도 차이는 남성만큼 크지 않다.

NPO 법인 노인공학연구소가 2013년 실시한 〈'충실하게 늙어가다'의 실현에 관한 설문조사〉에 따르면 행복도가 80점 이상 나온 고령 남성 중 약 80퍼센트가 배우자와 함께 살고 있었다. 그리고 1인 가구 중 행복도가 높은 사람은 단 4퍼센트에 불과했다.

참고로 '현재 배우자와 결혼하길 잘했다'라고 대답한 비율은 남성은 80퍼센트, 여성은 60퍼센트로 여기서도 비대칭이 발생했다. 그리고 고령 여성의 행복도는 결혼 생활이나 배우자의 존재에 남성만큼 크게 영향받지 않았다. 여성들의 행복도는 경제적 불안과 건강 문제에 더 크게 좌우되었다.

고령 남성들은
왜 행복을 느끼기 어려울까?

NPO 법인 노인공학연구소의 이사장 가와구치 마사히로 (川口雅裕)의 「남성 고령자의 충실도·행복도가 낮은 이유」•에 따르면, 인생의 각 시기에 요구되는 발달 과제를 잘 완수하지 못하고 노년기에 행복을 느끼기 어려운 남성은 다음과 같은 유형이다.

- 육체적 쇠약을 받아들이지 못해 한탄하고 저항한다.
- '돈 버는 사람' 외의 역할을 찾지 못한다.
- 배우자에게 지나치게 의존한다.

• https://www.insightnow.jp/article/8383

- 취미나 지역 활동이 없다.
- 사회 공헌 의욕이 부족하다.
- 노인에게 적합하지 않은 주거와 환경에서 거주한다.

여성들은 인생에서 '회사 일=임금 노동' 외에도 취미, 지역 활동, 친구 관계 등에서 다양한 역할을 발견했다. 여성들은 정치와 정규직 고용에서 배제되었기 때문에 그럴 수밖에 없었다는 측면도 있을 것이다. 그에 비해 일 중심 삶을 살아온 남성은 회사에서 자리가 사라지면 사회적 역할도 상실하기 쉽다.

고령 남성의 행복도와 생활 만족도가 취업 여부에 따라 이토록 큰 차이를 보이는 경우는 선진국 중 일본뿐이라고 한다.

참고로 고령 남성에 관한 데이터는 아니지만, 위성방송 회사 도호쿠신샤에서 운영하는 사이트 家men에서 20~40대 중 자녀가 있는 기혼 남성 2,444명을 대상으로 한 〈가족이 있는 남성의 행복도〉 설문조사에 따르면, 집안 일을 일정 수준 이상으로 많이 하는 남성의 행복도가 높았다. 또한 '가정에 관련된 일뿐만 아니라 외부와의 연결을 중시하는 남성의 행복도가 높다'는 분석도 나왔다.

일본의 고령 남성은 고령 여성에 비해 지역 참여 활동, 시민 활동이 매우 적다고 다른 조사에서도 지적받는다.

여기에는 지역 차이도 있다. 도시 지역보다 농촌 지역에서 은퇴한 남성들이 지역 참여 활동에 더 적극적이라고 한다. 비즈니스 평론가 구스노키 아라타(楠木新)의 『정년 후: 50세부터 살아가는 방법과 마무리하는 방법 定年後―50歳からの生き方、終わり方』(2017)에 따르면 정년 이후 도쿄와 지방의 삶의 방식은 다르다. 지방은 농사일, 자치회 임원 등 정년 후에도 할 수 있는 역할이 여럿 있지만 도시는 그렇지 않다. 도시에서는 회사 조직을 떠나면 사회와 연결되는 기회가 상당히 줄어든다.

행복도가 낮은 고령 남성의 특징을 정리해 보면 다음과 같다.

• 남성의 행복도는 회사 일에 크게 좌우된다.
• 가정에 있는 아내의 존재 즉 '배우자의 배려, 집안일' 에 큰 도움을 받는다.
• 육아·집안일·돌봄을 어떻게 하는지 모르는 사람이

많다.

- 사회적·시민적 의무(봉사 등)를 경시하고 일 외에는 사람 만나기를 피하기 때문에 지역 사회와 연결고리도 약하다.

이러한 요인들이 퇴직, 황혼 이혼, 아내와의 사별 등을 계기로 고령 남성을 급속도로 고립시킨다.

고령 남성의 자살은 노동 문제와 경제 문제뿐 아니라 고립이 원인이 되는 경우가 많다고 한다. 남성의 이상적인 생활 방식은 남성이 생계를 책임지며 생활은 아내에게 의존한다는 형태에 크게 치우쳐 있다. 통계상 자녀나 손주의 존재는 꼭 중요하지는 않다.

그리고 물론, 중년 남성과 젊은 남성에게도 고령 남성의 이러한 고독감은 결코 남의 일이 아니다.

남성들도 의존할 대상을 늘리자

중장년 남성들은 직장과 가족 이외의 인간관계를 만들기 어려워하며, 고향이나 지역 커뮤니티에 네트워크가 없는 사람이 많다. 경제적·정신적 어려움에 직면해도 도움을 요청할 곳이 마땅치 않거나 애초에 도움을 받을 수 있다고 생각하지 않는다.

게다가 남성은 약한 소리를 하면 안 된다는 굳은 믿음이 있어 약함을 인정하지 못한다. 결국 주변 사람들과 공공기관에 도와달라고 말도 못 하고 점점 고립된다.

이러한 일본 중장년 남성들의 고독감에 어떤 실천적 처방을 내려야 할까?

'남성들도 직장과 가정 외에 소속감을 느낄 수 있는 곳을 찾자'는 이야기가 나오는데, 그러면 남성들은 여전히 '조기 퇴직 후 지방에 가서 자급자족하겠다' '회사를 나와 음식점을 차리겠다' '국수 만드는 방법을 배우겠다' 등 극단적이고 거창한 생각들만 떠올린다.

이 선택지들이 나쁘다는 것은 아니지만, 상상력이 빈약하고 편중돼 있다. 시야를 넓히고 여유를 갖는 게 좋을 것 같다.

신체장애가 있는 소아과 의사 구마가야 신이치로(熊谷晋一郎)는 "자립이란 의존할 대상을 늘리는 것이다"라고 말했다.

진부한 말이지만 긍정적 의미에서 문어발처럼 평소에 '의존 대상'을 늘리는 일이 중요하지 않을까? 남성들도 의존 대상을 다양하게 확보한다면 인생의 고독을 완전히 없앨 수는 없어도 서서히 완화하고 분산할 수 있지 않을까?

많은 남성들은 '남자의 자존심'에 집착하고 능력주의에 젖어 있어 어떤 일이든 효율적이고 의미 있기를 원한다. 예를 들면 다쳐서 재활하는 중에도 '내가 저 사람보다 노력하니까 더 빨리 회복되고 있어'라는 경쟁의식이나 능력주의에 매몰되기도 한다.

일상 속 '소소한 일'과 '쓸데없어 보이는 일'에서 의미를 발견할 수 없는 이유는 '남자다움'이라는 속박 때문일지도 모른다. '의미 없는 즐거움'에 휩쓸리고 그저 즐기면 되는데 적극적으로 '남자의 취미'나 '남자가 해야 할 일'을 미리 규정해 버린다. 그렇게 해야 직성이 풀린다.

일상의 소소한 일들이 삶에 매우 중요할지도 모른다. 일만 하지 말고 취미생활을 즐기고 주변에 관계를 쌓아 조금씩 인간관계를 확장한다. 그리고 '남자다움'에 지나치게 의존하지 않는 나만의 생활 방식을 탐색해 간다.

지금까지의 남성 문화에서는 결혼하지 않고 잘나가는 회사원도 아니며 의식이 깨어 사회 공헌을 하는 것도 아니지만, '그래도 인생은 즐겁다' '그럭저럭 행복하다'고 할 수 있는 인생 모델을 많이 만들어 놓지 못했다.

중년 남성들도 강아지나 고양이와 함께 살면 추상적인 행복에 매달리지 않을 것이다. 팬케이크나 타피오카 사진을 인스타그램에 올리고 동성 친구들과 즐길 수 있다.

이렇게 '그럭저럭' 인생을 즐기며 사는 모델이 없으면 보수적이고 가부장적인 남자다움을 지키거나, 자유주의 사고방식의 지적인 남성 모델을 찾는 선택지밖에 없다. 규범적 생활 방식에서 벗어나도 그럭저럭 행복하고 자유롭게 살 수 있다는 이미지는 아직 별로 없다.

'오타쿠 남성' '초식남' '육아남' 등의 모델이 나온 것처럼, 남성의 생활 방식 규범에도 다양한 변주 또는 선택지, 이야기, 문화가 생기길 바란다.

매력적인 인생이 아니어도, 풍족하지 않아도, 정규직 회사원이 아니더라도, 가정을 꾸리지 않았어도, 그럭저럭 즐겁고 행복하게 살 수 있다. 사회의 음지에 있는 중장년 남성들이 옹기종기 모여(동성끼리 강한 유대를 느끼는 호모소셜 homosocial이나 형제애가 아니어도) 즐겁게 지낼 수 있다. 속마음을 터놓고 서로를 배려하고 약함을 공유할 수 있는 긍정적인 '이야기'가 더 많이 나오길 바란다.

별 볼 일 없는 남성들도
긴장을 풀고 편안히 즐겨도 된다

후쿠모토 노부유키(福本伸行)의 베스트셀러 만화 시리즈
『도박묵시록 카이지 賭博堕天録カイジ』의 스핀오프 『일일외
출록 반장 1日外出録ハンチョウ』이라는 만화가 있다. 『도박
묵시록 카이지』 시리즈 중에서도 명작으로 손꼽히는 「지
하 친치로 地下チンチロ」에피소드에 등장한 반장 오쓰키(46
세) 그리고 그의 심복 누마카와(35세)와 이사와(34세)가 주
요 등장인물이다.

　그들은 악덕 기업 제애그룹에 진 빚을 갚기 위해 지하
노역장에서 일한다. 지하에서는 '페리카'라는 독자적인 통
화가 유통되고 있고, 일정 페리카를 모으면 하루 동안 지
상으로 외출할 수 있다.

오쓰키 반장과 부하들은 지상에서 식사도 하고 관광도 하며 함께 어울려 노는 등 다양한 방식으로 하루를 만끽한다. 연재 초반에는 반장이 보통 사람들과 기 싸움을 하거나 대낮에 일부러 맥주를 마시며 직장인들의 부러움을 한 몸에 받는 장면이 주로 나오다가, 나중에는 특별할 것 없는 일상을 즐기는 중년 남성들의 모습 위주로 그려진다.

이외에도 감시역인 검은 양복 미야모토, 싱글파더인 검은 양복 마키타, 과묵한 베테랑 요리사 야나우치, 빌린 돈을 모두 갚고 지하에서 해방된 선량한 기무라 등 많은 캐릭터가 나오는데 이들 다수가 중년 남성이다.

여기서 눈여겨봐야 할 점은 주요 등장인물 대다수가 결혼도 하지 않고 애인도 없다는 점이다. 엘리트 회사원도 아니고 잘생기지도 않고 별 볼 일 없는 수더분한 중년의 아저씨들이다. 특별히 의식이 깨어 있지도 않고, 사회 공헌의 의지도 없다.

별 의욕 없는 아저씨들이 맛있는 밥을 먹거나(물론 비싼 고급 음식점은 아니다), 여행이나 관광을 다니거나, 취미를 공유하거나, 스파에 가거나, 다 같이 방에서 빈둥거리며 유유자적한다.

최근 다수자 남성 '아저씨'들의 무자각과 차별 의식이 많은 비판을 받고 있다. 오쓰키 반장 캐릭터는 이러한 남성들에게도 부담 없이 자연스럽게 많은 깨달음을 줄 수 있다.

반장과 그 부하들은 착한 사람도 모범생도 아니다. 다들 흠도 있고 비열하고 한심한 구석도 있다. 이른바 '보통의 남성'에 가까운 남성들이며 그 점에서 친근감을 준다.

양지에 사는 매력적인 인생이 아니며 반짝이지 않는다. 그래도 나름대로 취미가 있어 즐겁게 지내거나, 마음이 통하는 동년배가 있어 심심하지 않고, 타인의 인정이 없이도 소박한 즐거움을 맛보며 살아가면 충분하다는 생활 방식. 그리고 이를 응원하는 남성들의 소소한 우정. 차별 없는 평화로운 호모소셜리티(Homosociality)가 쌓여 발효되고 있다.

'반장'은 이러한 일상의 기쁨을 착실하게, 정성스럽게 쌓아 발효시킨다. 작중에서는 이를 쌀겨절임이라는 요리에 빗대어 표현한다.

다시 말하지만, 현대의 일본 남성들에게는 이러한 느슨하고 긍정적인 인생 모델이 드물다.

회사 일에 열정을 불태우는 남성상, 가부장적인 아버지
상, 자유로운 사고방식의 지적인 육아남, 사회적 기업가의
이미지만 주어진다. 오타쿠, 초식남 등의 모델도 있지만,
다수자 남성들에게도 더 다양하고 다채로운, 그럭저럭 즐
겁고 행복한, 그리고 폭력적이지 않은 인생 모델이 있어야
하지 않을까?

남성들에게도 해방감이 필요하다.

아저씨들도 스미코구라시처럼
살면 어떨까?

산엑스(San-X)는 타레팬더, 리락쿠마, 마메고마 등 몸이 축 늘어진 캐릭터들로 유명한 기업이다.

몸에 너무 힘이 없어서 불쾌하고 무능함이 똘똘 뭉친 덩어리가 퍼져서 녹아내리는 '타레팬더'가 학생 때부터 유독 마음에 들었다. 타레팬더의 전신인 판다 스티커도 가지고 있었다.

이렇게 축 늘어진 캐릭터에 대한 인기는 다소 시들해졌지만 우리는 여전히 이런 캐릭터와 귀여운 것들에 둘러싸여 있다.

나를 우울하게 하는 일과 인간관계, 인터넷 세상의 날선 글과 말에 치이다가 귀여운 동물 사진이나 동영상을 보면

습관처럼 공유하고 '좋아요'를 누르게 된다.

이 캐릭터들은 수많은 태고의 신들, 정령 같은 존재다. 이제 인간은 현실과 허구의 벽을 부수고 진화하는 캐릭터와 공존하기 시작하였다.

스미코구라시(すみっコぐらし, 산엑스에서 만든 캐릭터로 구석에 숨는 것을 좋아하며 각자 고민이나 어려움을 갖고 있다)는 몸에 힘도 없고 귀여움 속에 깊은 슬픔이 있다는 특징이 있다.

북극에서 태어났는데 추위를 잘 타는 시로쿠마(흰 곰), 늘씬한 몸매를 원하는 부끄럼쟁이 네코(고양이), 과거의 기억을 잃고 자아에 대해 고민하며 정체성을 찾아가는 녹색 펭귄?, 인간에게 쫓기다 엄마와 헤어진 후, 실은 공룡인데 잡히지 않으려고 친구들을 속이고 도마뱀인 척하느라 죄책감에 떠는 토카게(도마뱀)……. 모든 캐릭터가 사회적 소수자까지는 아니어도 이 세상에서 살아가기 힘든 예민함과 약자성을 지니고 있다.

먹다 남긴 비계 캐릭터 돈카츠나 에비후라이노싯포(새우튀김꼬리), 잣소(잡초), 호코리(먼지)에게서는 극단적인 무능함과 무용함이 느껴진다. 이 사회에서 폐기되는 존재, 보고도 못 본 척 외면하는 것이 아니라 애당초 사람들 눈에 보이지도 않는 존재…….

하지만 스미코구라시들은 이 사회의 주변에서, 구석에 몸을 기대어 동료들과 작은 커뮤니티를 만들고 그 안에서 오손도손 살고 있다.

경쟁, 인정, 생산성, 능력주의가 없는 세상이다. 여기서는 무엇을 할 수 있냐는 물음 대신 존재한다는 사실만으로 서로가 서로를 긍정하는 공동체성이 있다.

현대의 아저씨들에게도 스미코들이 살아가는 모습은 새로운 생활 방식에 대한 이야기가 될 수 있지 않을까?

두 번째 극장판 애니메이션인 〈스미코구라시 푸른 달밤의 마법의 아이〉(2021)에서 스미코들은 고유의 '구멍(결핍, 열등감, 소수성)'을 언젠가 극복할 날을 꿈꾸고 있다. 그러나 마음의 '구멍'을 메우고 나면 제일 중요한 캐릭터의 개성도 같이 사라진다. 하늘에 떠 있는 달에 닿을 수 없는 것처럼 그들의 존재와 꿈 사이에는 잔혹한 거리가 있다. 이 '구멍'과 거리는 영원히 메워지지 않지만, 그렇기 때문에 인생에서 '꿈'을 갖는 것이 더욱 소중해진다.

작중에서 마법사는 진심을 담아 스미코들의 결핍인 '구멍'을 없애는 마법을 건다. 그러자 정체성 혼란을 겪던 펭

권?이 자기계발에 몰두하고, 몸매에 자신감이 없던 네코는 긍정적으로 바뀐다. 이런 변화는 공리주의적 의미에서는 행복도가 올라간 상태라고 말할 수도 있다. 하지만 마법에 걸려 인격이 달라지고 존재의 근거는 사라진다. 참으로 무섭고 소름 끼치는 장면이다.

작품의 결론은 '있는 그대로도 괜찮다' '실패해도 괜찮다'는 단순한 차원의 인정을 뛰어넘어 급진적으로 존재 그자체를 긍정하는 것이다. 참고로 첫 번째 극장판 애니메이션 〈스미코구라시 튀어나오는 그림책과 비밀의 아이〉는 인터넷에서 영화 〈조커〉보다 음침하다, 시나리오 작가 우로부치 겐의 작품처럼 구원이 없다는 평을 받았었다.

스미코들의 '귀여움'은 '불쌍하다'와 표리일체의 관계다. 치유와는 조금 다르다. '가엾다'라고 말하는 게 더 맞을까?

요즘의 젊은 세대가 쓰는 '에모이(エモい, emotional+い)'라는 표현은 고전문학에 나오는 '오카시(をかし, 감상적 또는 지적인 감동)'보다 '아와레(あはれ, 정서적 감동)'에 가까운 감정이다.

생산성도 능력도 없고 무용하고 허무하고 불쌍한 작은

존재를 소중하게 여기는 미적 감정인 '모노노아와레(もの
のあはれ)'. 과거 이 나라의 문화는 이 감정을 인간의 도덕
적 원천이라고 믿었다.

그렇다면 타인을 배제하지 않는 '모노노아와레'를 안다
는 것은 어떤 의미일까? 귀여운 것들, 수많은 신들과 같은
느슨한 캐릭터를 사랑하는 데 인생의 중요한 의미가 숨어
있을지도 모른다.

설령 도덕적 선악을 모르고, 사물의 진위를 따지는 기준
을 모르더라도 '모노노아와레'의 감정을 자연스럽게 느끼
는 사람은 타인과 자연의 마음(情)을 알고, 참된 인간의 길
을 갈 수 있을 것이다. 아무리 의식이 낮고 의욕이 없는 사
람일지라도.

느슨하고 귀여운 캐릭터나 좋아하다니 남자답지 못하
다고 말할 수 있는 시대는 이미 지난 지 오래다. 아저씨의
내면에도 귀여워하고 가여워하는 감정이 있다. 이것이 자
기 연민이나 현실도피라고 생각하지 않는다.

이 잔혹한 자본주의, 능력주의, 생산성 중심 사회에서
무능하고 무력하고 무용한 취급을 받는 사람들.

이 세상의 잔인한 규칙은 바꿀 수 없다 해도, '구석(취약

성, 비정규성)'에서 도망칠 수 없을지라도, 스미코들처럼 이 세상의 빈틈과 느슨함에 기대어 언젠가는 남성들도 진정한 안식 속에서 잠들 수 있기를 바란다.

제3장

약자 남성들의 분노와 외침

인셀은 무엇인가

인기 없는 남자(인셀)가 주목받고 있다. 인셀의 반항과 폭력이 세계적인 사회 문제로 대두되었기 때문이다.

인셀은 앞서 설명했듯 원치 않은 금욕자, 비자발적 싱글이라는 뜻이다. 원래는 캐나다 여성이 온라인 커뮤니티에서 처음 사용한 말로, 당시에는 여성혐오, 안티 페미니즘을 의미하지는 않았다.

그러다 인기가 없는 것을 자각하거나 자칭하게 된 남성들이 익명 게시판에서 인셀이라는 말을 적극적으로 사용하기 시작했다. 이들의 말과 행동은 여성혐오, 폭력 긍정, 인종차별 등과 깊이 연결된다.

우선 중요한 점은 인셀들은 반드시 경제적 빈곤층이 아

니며 정치적 소수자라고 단정 지을 수도 없다는 것이다. 인셀을 논할 때는 그들의 독특한 고독감, 상처 입은 존엄, 박탈감에 주목해야 한다.

참고로 『인기 없는 남자의 품격』은 제목 그대로 인셀에게 존엄이 무엇인지에 대해 내 상황과 연관 지어 시행착오 끝에 집필한 책이다.

인셀이 영웅으로 떠받드는 인물은 엘리엇 로저다. 2014년 5월 23일, 미국 캘리포니아주 아일라비스타에서 일어난 총기 난사 사건의 범인이다.

엘리엇 로저는 유튜브에 범행 예고 영상을 올리고, 범행 동기를 적은 글을 가족과 지인, 심리치료사에게 전달한 뒤 6명을 살해하고 10여 명에게 상해를 입힌 후 바로 목숨을 끊었다. 당시 22세였다.

장문의 글에는 금발 머리 백인 여자애에게 거절당했다, 여성들이 히스패닉이나 흑인 남성들과 만나다니 용서할 수 없다 등의 내용이 적혀 있었다.

알렉 미나시안(범행 당시 25세)은 2018년 4월 23일, 캐나다 토론토에서 인도로 차량을 돌진해 행인들을 들이받았다. 10명이 사망하고 15명이 다쳤다.

알렉 미나시안은 범행 직전, 페이스북에 엘리엇 로저를 칭송하고 찬양하는 글을 올리고 여성혐오 사이트에 이런 말을 남겼다. '인셀의 반란은 이미 시작되었다! 우리는 채드(인기 있는 남성)와 스테이시(인기 있는 여성)를 모두 타도할 것이다! 최고의 신사 엘리엇 로저에게 경배를!'

인셀들의 은어 중에 검은 알약을 먹는다는 말이 있다. 인셀로 각성하겠다는 뜻이다. 안티 페미니즘 집단의 '빨간 알약을 먹는다'는 표현을 응용했다.

이 표현은 원래 영화 〈매트릭스〉에서 반란군 리더 모피어스가 주인공 네오에게 파란 약과 빨간 약 중 하나를 고르라고 했던 장면에서 유래했다. 파란 약을 먹으면 네오는 일상으로 돌아간다. 빨간 약을 먹으면 이 세상이 기계와 인공지능이 지배하는 가상현실에 불과하다는 '진실'에 눈뜨게 된다. 진실에 눈을 뜨면 기계에 연결된 사람들이 가축처럼 착취당하는 것을 보게 된다.

즉 인셀들에게 남녀평등은 꿈=이상 같은 가짜이고, 이성에게 인기 없는 잔혹한 현실이 '진실'이다. 그들은 남성들이 검은 약을 먹고 '진실'에 눈을 떠야 한다고 외치고 있다.

'다크 히어로'로 본 인셀

인셀 문제가 세계적으로 확산한 배경에는 무엇이 있을까?

이탈리아 미디어 활동가이자 철학자로 유명한 프랑코 베라르디(Franco Berardi)는 『죽음의 스펙터클 Heroes: Mass Murder and Suicide』(2015년)에서 파리의 동시다발적 테러, 컬럼바인고등학교 총기 난사 사건, 버지니아공대에서 조승희가 일으킨 총기 난사 사건 등 전 세계에서 일어난 총기 난사 사건과 대량 살상 사건을 분석했다.

그에 따르면 이들의 행동은 '스펙터클한 살육을 동반한 자살'이다. 즉 현대적 '절대자본주의(금융자본주의)'가 초래한 절망에 대한 '경련'이다. 그런 의미에서 대량 살인이 '우리 시대의 주요한 경향을 극단적 형태로 구현'하고 있다고 설명한다.

고전적 유형의 대량 살인자들은 타인의 고통을 통해 쾌락을 얻는 사디스트 특성이 있다. 그러나 현대의 대량 살인자에게 살인은 '세상에 나를 알리는 정신병리적 욕구'의 표현이며, 자살은 '일상의 지옥에서 탈출을 꾀하는 방법'이다.

베라르디는 현대는 '허무주의와 어리석은 스펙터클의 시대'라고 하였다. 현대의 '다크 히어로'가 자행하는 대량 살육 범죄는 영화와 관객, 허구와 현실의 경계선을 허물고 혀를 내두를 만한 어리석음을 스펙터클 안에 모두 녹여낸다.

프랑스의 사상가 기 드보르(Guy Debord)가 명명한 스펙터클 사회의 새로운 단계인 절대자본주의에서 사람들은 한층 더 소외당했다. 즉 인간의 본질을 잃어버렸다. 〈매트릭스〉와 〈조커〉에서처럼 말이다.

현대의 '다크 히어로'는 최대 살상이라는 자멸적 표현 행위로 소외감에서 벗어나 현실성을 회복하고자 한다. 이때 그들은 대량 살인을 현대예술처럼 하는 것이다.

베라르디는 현대 금융자본주의의 폭력에서 재생산된 대량 살인자들의 '자기표현'을 정치적 처방으로는 해결하기 불가능하다고 말한다.

인셀과 다크 히어로가 저지르는 폭력에 이 사회가 정치적으로 할 수 있는 일은 없다. 그나마 할 수 있는 건 '반어법(irony)' 전략이다. 우스꽝스럽고 비참한 현실에 반어법으로 대응하며 정신적 자립을 아슬아슬하게 유지하는 것이다. 이제 이 방법밖에 없다고 한다.

인셀 반란의 폭력은 일부 극단적인 대량 살인자의 문제로 국한되지 않는다.

정신과 의사 구마시로 도오루(熊代亨)가 〈현대 비즈니스〉에 게재한 「'어떤 존재가 되고 싶은 사람들'이 비즈니스와 정치의 '먹잇감'이 되는 슬픈 현실」(2021. 06. 13)에 따르면, '어떤 존재가 되고 싶다' 또는 '어떠한 존재도 될 수 없다'고 방황하는 사람들이 인생론과 돈 버는 방법에 통달한 것처럼 보이는 인플루언서의 온라인 모임에 빠진다.

하지만 실용적인 기술과 인맥을 얻는 사람은 극소수이고, 대다수는 '셀럽과 친한 나'라는 일시적인 고양감만 얻는다고 한다. '어떤 존재도 될 수 없다'는 정체성의 구멍은 그만큼 깊다.

아무리 착실히 일하고 성실히 살아도 정당한 급여는 말

할 것도 없고, 사회의 정당한 평가와 인정도 받지 못하고 일회용처럼 버려진다. 그렇다면 차라리 교활하고 편하게 살아가는 것이 합리적이다. 온라인 모임에 빠진 사람들의 배경에는 이러한 허무주의가 있다.

온라인에서 유행하는, 상대방의 논리를 무너뜨리는 논파(論破)도, 인셀에게 폭력이 그렇듯이 가지지 못한 자의 무기이자, 자유주의 엘리트 사회를 향한 반기라는 측면이 있을 수도 있다. 논파란 교양과 지성을 갖추지 못했다 해도 일종의 화법과 자기암시만 있으면 문화인과 연장자에게 '승리'할 수 있는 기술이기 때문이다.

중요한 건, 논파를 위해 착실하게 성장하지 않아도, 노력하지 않아도 된다는 것이다. 그러므로 논파라는 반기는 태어날 때부터 무언가를 빼앗긴 자, 노력도 성장도 바랄 수 없는 자들에게 비장의 무기가 될 수 있다.

계급 탈락자 조커

〈조커〉의 주인공 아서는 '약자 남성'을 상징하는 인물로, 현대 사회의 인셀적인 남성이다. 아서는 가족에게 인정받고자 하는 욕구가 강했고 이웃 여성과 연애하는 망상을 한다.

이야기가 전개되면서 아서는 인셀에서 다크 히어로 조커로 각성한다. 게다가 그는 프랑코 베라르디가 말하는 반어법 전략(이 세상 모든 것은 비극인 동시에 희극이며 조크다!)으로 현대 자본주의 사회에 맞서려는 약자 남성이다.

영화 장면을 다시 떠올려 보자.

실수를 저질러 일자리에서 잘린 아서는 지하철에서 여성에게 추태를 부리는 정장 차림의 술주정뱅이 세 명에게 폭행당하고, 저항하는 과정에서 총을 쏴 그들을 죽이고 만다.

그런데 아서에게 살해된 사람들은 마침 거대기업 웨인산업의 직원이었고, 미디어에서는 이 총격 사건을 빈곤층이 부유층에 반기를 든 반란이라고 보도한다.

게다가 웨인산업의 수장인 토머스 웨인(배트맨 브루스 웨인의 아버지)이 텔레비전에서 범죄자를 비난하고 '피에로'를 매도하자 고담시의 빈곤층과 부유층 간의 대립과 적대심은 격화되고 피에로 가면을 쓴 시민들의 시위가 여기저기서 일어난다.

이후 출생의 비밀을 알게 된 아서는 병든 어머니를 죽이고, 존경해 마지않던 거물급 사회자 머레이 프랭클린(로버트 드니로)의 토크쇼에 출연해 생방송 도중 머레이를 권총으로 쏜다. 그야말로 스펙터클한 폭력의 극치다. 참고로 로버트 드니로는 영화 〈코미디의 왕〉에서 동경하는 토크쇼 사회자를 납치하는 코미디 지망생을 연기했었다.

이 사건을 계기로 고담시는 순식간에 빈곤층의 증오와 폭력에 불타오른다. 경찰에게 체포된 아서는 경찰차에서 폭동으로 불길에 휩싸인 거리를 바라본다. 그런데 갑자기

구급차가 경찰차로 돌진해 아서는 정신을 잃게 되고, 마스크를 쓴 무리가 아서를 영웅으로 떠받들기 시작한다. 아서는 천천히 일어나 춤을 추며 조커로 완전히 각성한다…….

아동학대 생존자로 뇌에 장애가 있는 남자가 복합적인 사회적 배제를 당하던 끝에 살인과 포퓰리즘적 폭력으로 질주한다. 그런 의미에서 〈조커〉는 상당히 아슬아슬한 주제를 다루는 작품이다. 장애인과 생존자를 악인으로 만들고 괴물로 묘사하는 측면이 있기 때문이다.

크리스토퍼 놀란 감독의 〈다크나이트〉(2008)에 등장하는 악의 화신 조커(히스 레저)는 조커로 각성한 이유를 마음대로 꾸며낸다. 부모에게 받은 학대 트라우마 때문이다, 범죄자가 내 입을 칼로 그어서 이런 얼굴이 되었다 등등. 하지만 여기에 진실은 없고 진실이 무엇이든 상관없다. 그의 범죄와 악행에는 이유도 동기도 없다. 완전한 우연성을 빌미로 무차별적으로 사람들을 불행에 빠뜨린다. 그들이 죽든 안 죽든 그에게는 중요하지 않다. 그래서 〈다크나이트〉의 조커는 악의 화신이 될 수 있다.

한편, 〈조커〉의 아서는 관객이 인간적으로 공감할 수 있는 범죄 동기와 이유가 여럿 있다.

여기에 대한 비판적인 시선도 있다. 악의 화신을 '인간'으로 만들었다, 자유주의적 해석으로 결론짓기 쉬운 사회적 배경을 부여했다고 말이다.

하지만 이러한 비판만으로는 불충분하지 않을까?

〈조커〉라는 영화는 가족 공상(family romance, 부모가 다른 사람이라고 상상하는 다양한 공상을 가리키는 표현)의 정형을 따라 잘 만든 이야기일 뿐이며, 마치 실제 조커가 변덕을 부려가며 삼류 영화감독에게 촬영을 지시한 농담 같은 작품이라는 이야기다. 이런 종류의 교활함에 이 영화의 본질적인 의미가 있다는 생각이 든다.

폭동이 일어난 장면 다음에 돌연 수갑을 찬 아서가 정신과 의사 또는 사회복지사로 보이는 여성과 대화하는 장면으로 바뀐다. 아서는 '재밌는 개그가 생각났다'고 말하지만, 이 개그는 아무도 이해하지 못할 것이라고 중얼거린다.

즉 영화 속 폭력적인 사건들은 정신병원에서 치료를 받고 있는 아서의 단순한 망상일 수도 있고, '재미있는 개그'일 수도 있다.

그도 아니면 아서는 진짜 조커를 모방해 인정 욕구를 채

우려는 '무(無)=찌꺼기'와 동등한 존재이며, 익명의 폭동에 뛰어든 아저씨 중 한 명 또는 가면을 뒤집어쓴 남성일 수도 있다. 1장에 나온 게이오센 사건의 조커 복장을 입은 범인처럼.

계급 상승과 계급투쟁을 꿈꾸고 싶어도 결코 꿈꿀 수 없다. 정치적 입장 차이와 상관없이 어떤 사람은 '아래'로부터의 폭력으로 포퓰리즘을 부추긴다. 또 어떤 사람은 빈곤한 노동, 돌봄, 고독 속에서 너덜너덜해져 조각조각 붙인 모자이크 같은 망상=꿈으로 도망친다.

사회적으로 몰락하고 계급에서 탈락한 '잔여' '잔여물'인 약자 남성들에게는 아서처럼 '다크 히어로'로 각성하거나 어둠으로 빠지는 길밖에 없는 걸까?

테러리즘에서
해방적 폭력으로

슬라보예 지젝은 『멈춰라 생각하라 The Year of Dreaming Dangerously』(2012)에서 크리스토퍼 놀란 감독의 배트맨 3부작 중 〈다크 나이트 라이즈〉(2012)에 등장하는 베인에게 주목한다.

베인은 테러리스트들의 우두머리로, 배트맨의 적으로 등장해 고담시를 점령해 간다.

지젝은 사실 베인이 '궁극의 월가 점령자'이자 '99퍼센트의 결집과 사회적 엘리트 타도'를 외치는 존재라고 강조한다. 즉 베인은 테러리스트인 동시에 글로벌 격차와 지배를 타도하는 계급투쟁을 욕망하는 '혁명가'라는 것이다.

한편, 배트맨의 진짜 정체인 브루스 웨인은 인적이 드문

외진 대저택에 사는 엄청난 부자다. 웨인산업은 핵융합 에너지를 이용한 청정에너지 프로젝트에 투자하고 있다(이 프로젝트는 좌절된다). 배트맨의 정체는 '억만장자'이자 '무기 상인과 투기꾼'이다.

이 사실을 알고 영화를 보면 '선'과 '악' 또는 '위'와 '아래'의 구분이 흐려진다.

지젝에 따르면 〈다크 나이트 라이즈〉에는 허점이 있다고 한다. 크리스토퍼 놀란 감독은 베인의 '혁명가' 면모를 고작 '광신도', 복수심에 불타오르는 테러리스트, 포퓰리스트로 단순화했기 때문이다.

여기서 볼 수 있는 건 '폭도'들이 사회 정의를 이용하고, 과잉된 정의가 폭주해서 불타오르는 테러(공포에 의한 지배)와 관련된 통속적인 이미지다.

지젝은 이렇게 비판한다. '어떤 해방 운동이든 그 속에 진정성이 있을 때는 반드시 폭력적인 측면이 작용한다. 이 작품의 문제는 폭력을 살인적 테러(위협)로 번역하는 실수를 저질렀다는 데 있다.'

그리고 베인의 행동에는 배트맨 같은 고수입 엘리트들의 기만적인 정의를 초월하는 '조건 없는 사랑'이 있다고 지젝은 말한다.

여기서 말하는 조건 없는 사랑이란 무엇일까?

중요한 건, 조건 없는 사랑은 테러리즘과 구분하기 어려울 만한 폭발력을 잠재한 해방적 폭력을 의미한다는 것이다.

지젝에 따르면, 이것이야말로 예수 그리스도에서 간디, 체 게바라로 이어지는 전통에서 발견되는 사랑이자 해방적 폭력성이다. '잔혹하지 않은 사랑은 무력하고, 사랑 없는 잔혹함은 맹목적이다'라는 체 게바라의 혁명의 역설은 사랑과 검의 통일을 호소했던 그리스도의 역설 그 자체다.

적대적인 차이를 과감히 드러내고 분명하게 선을 나누는 폭력적 행위가 이 세상에서는 결정적 해방을 의미하기 때문이다. 자유란 조화와 균형을 지키는 중립 상태가 아니다. 자유는 위선적 균형을 뒤흔드는 폭력적 행위 안에 있다.

지젝이 '(예수 그리스도에 비하면) 히틀러는 충분히 폭력적이지 않았다' 또는 '간디는 히틀러보다 폭력적이었다'와 같이 도발적이고 불온한 말을 반복하는 이유가 그 때문이다.

즉 해방적(非테러) 폭력으로서의 '조건 없는 사랑'은 눈에 보이지 않는 계급 사이에 새로운 투쟁의 선을 긋는 것, '차이를 과감히 드러내고 선을 나누는 폭력적인 행위'다.

또는, 평화롭고 올바른 세상에서 '존재하지 않는' 취급을 받는 '잔여' '잔여물'로 사는 존재들을 세상에 드러내는 힘이다. 바로 이 점이 테러적 폭력과 유사해 보이면서도 실제로는 다른 해방적 사랑이다.

자유주의의 모습을 띤 조화와 평화 속에서 '검'으로 진정한 적과 선을 긋는 것이야말로 '사랑의 행위'로서의 해방적 폭력을 의미한다.

지젝은 현대 사회에서 최악은 복지국가로의 회귀, 사회적 연대, 다문화주의적 관용, 민주적 시장 경제, 생태자본주의, 기본소득 등 자유주의 좌파들이 이상이라고 믿고 있는 시민주의·자유주의 노선이라고 한다.

즉 자본주의 본연의 형태를 기본적으로 유지하면서 글로벌 정의와 평등을 실현하려면 자유주의/사회민주주의의 방향으로 수정해야 한다, 인간의 얼굴을 한 자본주의로 나아가야 한다는 유형의 수정주의가 최악이라는 것이다. 왜냐하면 다양하고 관용적인 '문화' 이데올로기를 칭송하는 것은 '남쪽'이나 '아래'로 일컬어지는 계급적 '적대'를 단순히 문화와 정체성의 '차이'(개개인의 차이)로 치부해 평 평하게 만들기 때문이다.

지젝에 따르면, 자유주의 좌파보다 보수파와 포퓰리스트들이 이러한 문제를 더 날카롭게 바라보고 있다. 자유주의 좌파가 보지 않으려는 것은 바로 '현실 세계'의 (통제할 수 없는 짐승) 자본주의 그 자체다.

그에 비해 1퍼센트와 99퍼센트의 초격차화를 비판하기 위해 월가 점령 시위에 참여한 사람들은 적어도 글로벌 자본주의라는 괴물을 직관적으로 파악하고 있다.

중요한 건, 이들의 '시스템에 대한 저항'이 겉으로는 '무의미한 폭발(또는 베라르디가 말한 '경련')'로 보여도, 사실 이 폭발과 경련이 현대 사회를 살아가는 사람들의 고통과 취약성을 역설적으로 드러내고 있다는 이야기다.

폭동과 반란에는 폭력/테러리즘이라는 꼬리표가 따라다니지만, '글로벌 자본주의의 원활한 기능을 유지하는 데 필요한 폭력에 비하면 보잘것없다.' 그들은 '마하트마 간디가 폭력적이었다는 맥락에서만 폭력적일 뿐이다.'

이러한 지젝의 관점을 참고해 약자 남성들의 폭력 문제를 다시 보고자 한다.

약자 남성들도
이야기가 필요하다

약자 남성들도 거대한 이야기(이념)가 필요하다.

음악평론가 이소베 료(磯部涼)는 『레이와 원년의 테러리즘 令和元年のテロリズム』(2021)에서 가해 남성이 스쿨버스를 기다리는 초등학생과 보호자를 칼로 찔러 2명을 죽이고 10여 명을 다치게 한 후, 그 자리에서 자살한 가와사키시(市) 노보리토 흉기 난동 사건, 전 농림수산성 차관이 은둔형 외톨이에 폭력적 성향이 있는 장남이 다른 사람들에게 피해를 줄까 봐 두려워 살해한 사건, 교토애니메이션에 불만을 품고 스튜디오에 불을 질러 36명이 사망한 사건 등 레이와(나루히토 일왕이 즉위하며 바뀐 일본의 연호) 원년인 2019년에 일어난 이 사건들을 '레이와 테러리즘'이라는 이름으로 분석했다.

이소베 료는 최근 발생한 무차별 살인 사건의 배경에는 노동 문제, 은둔형 외톨이 고령화 문제(70대, 80대 부모와 중년 은둔형 외톨이 자녀 문제라는 뜻으로 7040문제, 8050문제라고도 한다), 장애나 정신질환 등의 사회적 문제가 복잡하게 얽혀 있다고 지적한다.

그리고 이소베 료는 엄밀한 의미에서 테러리즘(폭력으로 공포를 조성해 사회에 정치적 주장을 확산시키는 것)이 아닐 수도 있지만, 이 세상에 '없던 일'로 간주하는 사회적 문제가 무차별 살해 사건을 통해 수면 위로 올라온다는 의미에서 레이와적 폭력은 일종의 '테러리즘'이라고 말할 수 있지 않을까 하고 논했다. 실제로 이런 사건을 일으킨 범인들은 범행 후에도 '너 혼자 조용히 죽어라' '인간도 불량품이 있다'는 취급을 받고 있다.

또한 '레이와 원년의 테러리즘은 테러리스트라는 중심이 흐릿하다.' 하지만 이로 인해 '악의는 전염된다'고도 말했다. 영화 속 허구와 현실 세계에서 많은 사람이 〈조커〉의 아서의 복장을 따라 입고 흉내 낸 것처럼 말이다.

일본 근대 역사를 거슬러 오르면 다이쇼 10년(1921년)

에 야스다 재벌의 창업자 야스다 젠지로를 단도로 찔러 죽이고 자결한 아사히 헤이고(朝日平吾)라는 청년이 있다. 오늘날로 치면 명성도 지위도 없는 프리터 청년이 일본 최대 경제단체의 일원을 백주 대낮에 찌른 셈이다.

정치사상가 하시카와 분조(橋川文三)의 「쇼와 초국가주의의 여러 모습」(『근대 일본 정치사상의 여러 모습 近代日本政治思想の諸相』, 1964)에 따르면, 아사히 헤이고의 암살은 다이쇼·쇼와 시대형 테러리즘의 '최초의 징후'다. 메이지 시대의 테러리스트처럼 국가적 대의를 내세운 암살과 근본적으로 다르다.

하시카와 분조는, 아사히 헤이고의 특징은 '비애의 감정에 쉽게 빠지는 성질과 급진적인 피해자 의식 혼합' '불운하다는 감정' '대체로 정신병리적인 양상'이며 '자신을 대표할 만한 게 하나도 없었다' '하층 중산계급 출신의 파멸적 인물' '사회적 지위를 하나도 확보하지 못한 인간' '절대 인간답게 살지 못하는 익명의 인간'이라고 말했다.

메이지유신을 이끈 정치인으로서 사무라이 계급의 입지를 약화하는 정책을 편 오쿠보 도시미치(大久保利通)를 1878년 불만을 품은 사무라이들이 암살한 사건이나, 두

차례 총리를 역임한 정치가 오쿠마 시게노부(大隈重信)를 그가 외무대신이었던 1889년 미국·독일·러시아와 치외법권 및 관세 자주권 관련 신조약 개정 교섭을 진행하고 있을 때 다른 정파가 습격한 사건처럼, 메이지 시대의 암살자들이 지향했던 '높은 이상과 자비를 겸비한 자가 목숨을 바치는' 정신(정치 권력 교체를 공개적으로 요구하는 정의 구현의 의지)이 아사히 헤이고의 폭력에는 전혀 없다는 이야기가 아니다. 다만 하시카와는 아사히의 테러리즘에서 메이지 시대와는 이질적이고 새로운 감각, '제1차 세계대전을 여는 자본주의의 발달과 빈부의 계급 분화가 촉발한 경제적 표준화를 요구하는 평민적 욕구'가 보였다고 한다(『쇼와유신시론 昭和維新試論』, 1984).

아사히의 유서 「죽음의 비명」을 보면 아사히는 자신을 '산송장(요즘 표현으로 말하면 좀비)'으로 느끼는 감각과 '자신의 무력감을 몹시 내려다보는 비인(非人)의 원한과 우울'이 있다.

여기서 중요한 건, 하시카와가 아사히의 '오만하다고 볼 수 있는 요소와, 이와 상반되는 병적인 회의·원한·좌절이 뒤섞이고 갈등하는 감정' 안에서 '어떤 의미로 근대 일본

인에게는 미지의 정서'를 발견하려고 했다는 점이다.

다이쇼 민주주의의 지성인이자 정치학자 요시노 사쿠조(吉野作造, 1878~1933)는 아사히의 암살 사건을 모티브로 한 프롤레타리아 작가 미야자키 스케오(宮嶋資夫)의 장편소설『금金』(1926년)에 대한 평론에서 '아사히라는 인간과 사상에 상당히 깊이 동조한다'고 했다. 즉 이 시기의 초국가주의적 충동이란 인간의 평등을 추구하는 급진적인 '평민적 욕구'에서 비롯된 것이었다.

하시카와에 따르면 아사히 헤이고는 '다이쇼 민주주의를 부정적으로 표현한 인간'이다. 즉 이 '평민적 욕구'가 한쪽에서는 아사히의 '부정적인' 폭력적인 암살로 연결되었지만, 다른 한쪽에서는 요시노 사쿠조의 다이쇼 민주주의 사상과 연결되었다.

여기서 핵심은 하시카와가 아사히의 암살에서 치졸한 감정적 행동뿐만 아니라 당시에 싹튼 급진적인 '사상'을 읽어내려고 했다는 점이다.

아사히 헤이고와 기타 잇키(北一輝, 마왕으로도 불린 메이지 시대의 국가사회주의자로 1936년 황도파 청년 장교들이 쿠데타를 일으킨 2.26 사건에 사상적인 영향을 미쳤다고 알려진 인물)의 존재는 이른바 시대정신의 타원형 구조를 만드는 '사상'이었다.

즉 '천상=진수(眞髓)'에 해당하는 기타와, '최하층'에 해당하는 아사히가 타원형 모양으로 만들어 가는 급진적 평등사상, 바로 여기에 일왕과 신민이 일체화하는 민족주의를 관통하는 뭔가가 있다고 말한다.

또 하나 중요한 점은 테러리스트로서의 아사히는 쌀 가격 폭등으로 폭동을 일으킨 이름 없는 대중들과도 공명했다는 것이다. 극단적인 평등주의는 일왕의 이름 아래 특수한 테러리즘을 탄생시켰다. 그러나 한편으로는 이 평등주의는 쌀 폭동 같은 민중 운동을 일으키는 가능성도 가지고 있었다.

그렇다면 현재의 레이와 테러리즘에서 결여된 것은 '천상'과 '최하층'을 연결해주는 '사상'이 아닐까? 현대의 약자 남성들은 집단적인 정치성이 없으며, 자신들의 존재를 증명할 '사상'도 없다고 봐야 하지 않을까?

즉 '천상'과 '최하층'을 이어주는 근본적인 '사상'을 찾아내지 않는 한, 약자 남성과 인셀이 일으키는 반란과 저항은 현대 글로벌 자본주의에서 단순한 '폭발'과 '경련'에 지나지 않는다.

레이와 시대의 테러리즘과 과거 쇼와 유신의 낙차(落差)
에 다시 주목해야 할 때다. 레이와 시대의 폭력에는 테러
리즘을 '유신(사회 변혁)'으로 상승시킬 '사상'이 없다. 심장
역할을 하는 이론이 없다. 그리고 집단적 정치성도 찾아볼
수 없다. 그렇다면 지젝이 말하는 '해방적 폭력'으로서의
'조건 없는 사랑'은 어디에 있을까?

　우리는 이 현실에 깊게 '절망하는 용기'를 가져야 하는
지도 모른다. 그리고 약자 남성으로서 폭력을 둘러싼 어려
운 문제들과 마주해야 한다.

남성들의 '허무'라는 검은 구멍

제162회 아쿠타가와상 후보작이었던 소설가 기무라 유스케(木村友祐)의 『어린아이의 성전 幼な子の聖戦』(2020)은 영화 〈조커〉와도 공명하는 약자 남성의 울분을 그린 작품이다.

이 소설은 영화 〈택시 드라이버〉의 주요 틀을 따라가는데, 〈조커〉와 공통된 점은 이뿐만이 아니다. 잇따른 불운에 빈 껍데기가 되어가는 자신에게 맞서 보지만 결국 폭력적인 '악'으로 각성하고, 우스꽝스럽고 익살스러운 이 사람은 살인을 통해 왕이 된다. 이 구조성이 〈조커〉와 굉장히 유사하다.

『어린아이의 성전』의 무대 배경은 인구는 줄어들고 산업도 쇠퇴하는 아오모리현 지엔고 마을이다. 마을에서는 새로운 촌장을 선출하는 선거를 벌이는 중이지만, 이미 권력을 독점해 대대로 세습하는 중장년 '아저씨'들이 '일본 정치의 축소판'을 반복하고 있다.

도쿄 생활에 지쳐 고향으로 내려왔다가 아버지의 권유로 면의회 의원이 된 44세의 나(하치야 시로)는 '더 이상 무언가를 해내는 일은 생기지 않을 것임을 아는 나의 인생'에 따분함을 느끼고 '유부녀 클럽'에서 만난 38세의 A와 섹스할 때만 살아 있다는 느낌을 받는다.

그러던 중, 자유주의 신념과 건전한 애향심이 있는 야마부키 진고라는 남자가 촌장에 입후보하게 되고 여성과 젊은 층의 압도적인 지지를 얻는다. 시로는 어릴 적 동네 친구인 진고와 재회해 우정을 확인하고 지원하기로 다짐한다. 하지만 차기 현지사라고 알려진 현의회 의원 나쿠이 다케하루에게 협박을 받은 시로는 진고의 선거 유세 방해 공작에 가담하게 된다.

능력도 인기도 있는 진고를 은근히 시샘하던 시로는 괴문서를 퍼뜨리고, 내면의 어둠을 해방시킨다. '의미 없는, 이 세상의 온갖 의미를 집어삼키는 허무라는 검은 구멍을 지상에 선명히 드러낸다.' '……괜찮겠지? 지옥의 문을 열

어도. (중략) 끝을 알 수 없는 나의 구멍, 해방시켜도 괜찮
겠지……?'

이윽고 이것은 나의 '성전'이 된다. 내면의 '검은 구멍'
이 진정 무서운 이유는 권력과 상황에 쉽게 휩쓸리게 만들
어서가 아니다. 진심으로 믿었던 우정과 약속마저 내 손으
로 배신하게 만들기 때문이다.

이후 꼬리에 꼬리를 무는 배신에 내 '소중한 성전'은 흔
들린다. 나는 결국 선거 유세 마지막 날, 진고를 식칼로 찔
러 죽이고 그를 순교자를 둔갑시켜 '전설'로 만들 계획을
세운다.

하지만 영화 〈택시 드라이버〉처럼 계획이 실패하자, 일
전에 나쿠이 현의회 의원의 협박과 공직선거법 위반 장면
을 몰래 촬영해둔 동영상을 인터넷에 올려 '아저씨 패거
리'까지 다 같이 지옥으로 끌고 간다.

현대 일본에서는 왜 중년 남성의 '검은 구멍' 같은 무차
별 살인범들만 눈에 띄고, 아사히 헤이고나 야마구치 오토
야(山口二矢, 1960년 당시 17세의 극우주의자 야마구치 오토야는
일본 사회당 위원장 아사누마 이네지로의 연설 도중 연단에 뛰어올
라 칼로 찔렀다. 이후 도쿄 소년감호소에서 '칠생보국[七生報國, 일

곱 번 다시 태어나도 나라에 보답하겠다는 뜻] 천황폐하 만세'라는
유서를 남기고 목매달아 자살했다) 같은 사람은 왜 단 한 명도
없을까. 기무라 유스케의 소설은 마치 그런 초조한 마음을
억누르기 위해 '미적거리고, 질척이고, 질퍽이고, 끈적거
리는 음모처럼 추잡한 현실'에 온몸을 깊숙이 가라앉히는
것 같다.

눈여겨봐야 할 점은 주인공 시로가 '아저씨 패거리'에게
'속 쓰린 한 방'을 선사한 장면이다. 이 녀석들은 평생 변하
지 않을 거나. 너희들은 나의 닮았다. 하지만 나보다 더 얼
빠진 놈들이다. 너희들은 아무것도 믿지 않는다. '……신
심(信心)도 없는 놈들.' 시로는 중얼거린다. '있는 힘을 전
부 끌어모았다가 터뜨리는 가장 큰 모멸의 말'이다.

하지만 이 또한 위험한 행동이다. 사가미하라 장애인 시
설에서 대량 살인을 일으킨 남자는 이렇게 말했다. 의사소
통이 불가능한 '신앙을 잃은 자'들을 이 세상에서 제거하
는 것은 사회를 위한 일이라고.

달리 말하면, 시로는 '아저씨'를 '마음'을 잃어버린, 인
간이 아닌 존재로 취급한다. 아무것도 믿지 못하고 개과천
선도 할 수 없는 인간은 죽여도 된다고……. 그런데 정말

로 그럴까?

인간은 누구나 좋은 방향으로 바뀔 수 있다는 '믿음'을 잃는 순간, 내면의 어린아이도 죽는다. 아저씨들은 이 세상에서 사라지는 게 낫다. 이 세상은 다양해지고 좋아지고 있다. 오직 남성들만 제외하고. 남성들의 감각과 사고방식은 과거 그대로이고 인제 와서 바뀌기는 글렀다. 이러한 생각이 바로 위험한 함정이자 유혹이다.

증오가 아닌 분노를!
인셀 레프트

반드시 최빈곤층이 아니어도, 문화적 차별을 받지 않아도, 질병과 장애가 없어도, 약자 남성들의 마음속에는 '허무의 검은 구멍'이 있고, 박탈감(소외감)을 느끼기도 한다고 설명했다.

이름마저 없는 박탈감이 있고, 불행이 있고, 고뇌가 있다.

자본주의 시스템의 모순 속에서 약자 남성들이 경련 상태에 빠진다. 이 문제를 자기책임만으로 돌릴 수 없다. 구조적 문제다.

구조적 문제라고 말한 이유는 복잡한 형태의 분할통치(divide and rule) 때문이다. 즉 남성과 여성·성소수자로 분열되어 서로 다른 형태로 억압받고 있다.

나는 『프리터에게 '자유'란 무엇인가 フリーターにとって 「自由」とは何か』(2005)에서 분할통치를 받는 사람들이 서로를 물고 뜯는 상황을 '가짜 대립'이라고 설명했다. 2005년 당시는 이용할 가치가 있을 때까지만 쓰다 버리는 '정직원'과 비정규직, 파견 사원 등의 '프리터'가 서로를 증오했다. 같은 의미에서 현대의 약자 남성 대 페미니스트 구도 또한 '가짜 대립'이다.

우리는 '적'을 오인해 진흙탕 싸움처럼 서로를 미워하지 말고 이 세상의 시스템에 당당히 맞서야 한다.

인셀 남성들은 인생의 굴욕에서 복받쳐 오르는 '적'에 대한 증오를, 자신과 적을 분열시키고 대립을 강요하는 '세계(시스템)'를 향한 분노로 바꿔야 한다. 용기 내어 싸우기로 결단해야 한다.

증오하지 말고 분노하라. 이 사회에 분노하라.

앞에서 설명했듯 인셀의 어원은 여성 차별이나 페미 사이드와 직결되는 것이 아니다. 안티 페미니즘을 의미하지도 않는다. 그러므로 적어도 가능성을 따져 본다면 인셀 레프트(좌파 인셀)로 바뀔 수도 있을 것이다. 이를테면 글로벌 세대 간 격차와 기후 위험에 대항하는 좌파 세

대(generation left)가 전 세계 동시다발적으로 출현한 것
처럼.

인셀에게 좌파로 방향을 바꾸라는 말은 타인(가짜 적)에
대한 증오와 치욕을 사회를 향한 집합적 분노로 변화시키
라는 뜻이다.

일부 특권층이 막대한 부를 손에 넣고, '여성·성소수자
대 약자 남성'이라는 가짜 대립에 가두려는 사회를 향해
분노하는 것. 이러려고 태어난 것은 아니라는 자각.

약자 남성의 고뇌와 절망, 경련에도 '보편성'(지젝)은 있
다. 이 보편성을 문제로 제기하려면 인셀이라는 말 자체를
긍정적인 가능성으로 변화시켜야 한다.

인셀들의 욕망을 억압하거나 교정하거나 수정하는 것
이 아니라, 나와 세상을 혁신적으로 변화시키기 위한 욕망
으로 나아가는 것이다.

우리는 화를 내도 된다.

괴롭다고 힘들다고 말해도 된다.

울어도 된다.

자기 자신의 행복과 자유를 간절히 희망해도 좋다.

그리고 이 사회와 씨워도 좋다.

강하지도 훌륭하지도 않고, 별 볼 일 없고, 빛나지도 않고, 올곧지 않은 남자에게 자유란 무엇일까? 존엄이란 무엇일까? 이렇게 물어보는 것도 괜찮다.

레이와 테러리즘 같은 폭력도 아니고, 폭력적 욕망을 억압하는, 말만 번지르르한 자유주의 평화 노선도 아니다. 이 나라의 약자 남성들에게는 지젝이 말한 해방적인(비테러리즘) 힘이 필요하고, 조건 없는 사랑이 필요하다.

증오하지 말고 분노하라.

우리는 더 화를 내도 된다.

안티가 되라는 것이 아니다.

굴욕을 느껴도 된다.

'우둔함'을 떠안게 된 치욕을 내면에 품고 압력을 높여야 한다.

치욕의 힘이야말로 사회 변혁적인 해방의 욕망을 낳기 때문이다.

몇 번이고 말한다.

우리는 가짜 '적'을 증오하지 말고, 이 사회에 분노해야 한다.

허구의 대립에 속박되지 말고 시스템에 진정한 적의를

드러내야 한다.

약자 남성의 이름으로. 약자 남성들을 위해.

제4장

남성들은 제대로
상처받고 있을까?

제대로
상처받는다는 것

"나는 제대로 상처받았어야 했다."

하마구치 류스케 감독의 영화 〈드라이브 마이 카〉(2021)는 무라카미 하루키의 단편 소설집 『여자 없는 남자들』(2014)에 수록된 「드라이브 마이 카」를 자유롭게 각색한 작품이다. 같은 소설집에 수록된 「셰에라자드」와 「기노」의 설정도 섞여 있다.

'나는 제대로 상처받았어야 했다'는 극 후반부에 나오는 주인공 중년 남성의 대사다. 남성들이 자기 자신을 돌봐야 하는 중요성을 시사한 메시지로도 주목받았다.

영화와 드라마를 평론하는 니시모리 미치요(西森路代)는 「영화 〈드라이브 마이 카〉가 그린 '제대로 상처받기'까지의 이야기」•에서 이 작품에 대해 '함부로 울면 안 된다, 약한 소리를 해서는 안 된다, 다른 사람에게 의지해서는 안 된다, 주체적으로 결정해야 한다 등, 남성에게 부여된 규범과 저주'에서 주인공 중년 남성이 해방되는 이야기라고 해석했다.

주인공 가후쿠는 연출가 겸 연극배우다. 그는 드라마 각본가인 아내 오토와 풍족하고 행복한 일상을 보내고 있다. 아내는 섹스를 할 때 다른 사람에게 빙의라도 된 것처럼 허구의 스토리를 이야기한다. 가후쿠가 스토리를 기록하면 오토는 각본으로 옮겨 쓴다. 두 사람은 이런 방식으로 오랜 시간 공동 작업을 해왔다.

하지만 아내에게는 비밀이 있었다. 그녀는 여러 남자들과 잠자리를 하고 있었다.

가후쿠는 이 사실을 알면서도 아내를 추궁하거나 대화를 나누지도 못한다. 그는 아내와 일도 집안일도 함께 하고, 다정하게 아내를 배려하는 남편의 모습으로 살았다. 시간이 지나고 이제 겨우 대화할 기회가 오나 싶었는데 아

• https://i-voce.jp/feed/84/451/

내가 지주막하 출혈로 돌연 세상을 떠난다.

그리고 2년이 지났다.

여전히 상실감에 젖어 있는 가후쿠는 안톤 체호프의 희곡 〈바냐 아저씨〉의 연출가로 히로시마 연극제에 참가한다. 그가 아끼는 빨간 사브 900 터보에서는 죽은 아내가 녹음한 〈바냐 아저씨〉의 낭독 음성만이 울려 퍼진다.

죽은 사람과의 추억이 가득한 친밀한 공간. 이 공간은 아내의 죽음 이후 친밀한 사람을 잃은 슬픔을 치유하지 못하고 바깥세상에 마음을 닫게 된 가후쿠의 내면을 상징한다.

히로시마에 도착한 후, 연극제 주최 측은 사고 예방을 위해 가후쿠에게 출퇴근 운전을 기사에게 맡기자고 제안한다. 그렇게 해서 소개받은 미사키는 골초에 무뚝뚝한 젊은 여성이다. 그녀의 운전 실력은 듣던 대로 좋았고 가후쿠는 마지못해 그녀에게 운전대를 맡긴다.

영화 후반부에 미사키의 마음에 남아 있던 상처도 밝혀진다. 엄마는 미사키에게 이따금 폭력을 휘둘렀고, 5년 전 홋카이도에 지진이 일어나 집이 무너졌을 때 미사키는 엄마를 죽게 내버려 뒀다고 고백한다.

트라우마로 새겨진 상처를 말하고 약함을 공유하며, 두 사람은 이성 관계도, 아버지와 딸 같은 관계도 아닌, 대등한 위치에서 서로를 위해주는 관계가 된다.

가후쿠는 약 3시간 남짓 되는 긴 러닝타임의 끝에서야 쥐어 짜내듯 말한다. 미사키라는 타인 앞에서, "나는 제대로 상처받았어야 했다"고.

남성학적 관점에서 〈드라이브 마이 카〉에는 세 가지 차원의 남성성이 있다.

우선 많은 다수가 남성들이 갇혀 있는 가부장적 마초 남성성(1)이 있다. 가후쿠는 처음부터 이런 유형의 남성이 아니다. 그는 일도 집안일도 아내와 함께 하고 아내를 배려할 줄 아는 다정한 자유주의 사고방식의 남성(2)으로 살아왔다.

그러나 이것만으로는 부족하다.

아내의 죽음 이후 가후쿠는 (2)를 넘어, '나의 고통과 상처를 다른 사람과 이야기하고 약함을 공유할 수 있는 남성'(3)으로 자신을 변화시킬 수밖에 없었다.

중요한 건, 가후쿠가 (2)에서 (3)으로 변하는 데 오랜 시간이 필요했다는 점이다. 여러 사람의 힘을 빌려 내면의 상처를 들여다보고, 상처받은 나를 돌볼 수 있게 되는 것. 그러기 위해서는 필요한 만큼 시간을 들여 조금씩 천천히 바뀌어 가야 했다.

가후쿠가 말한 '제대로 상처받는다'는 '지금은 남자야 말로 상처받고 있다'는 주장이나 왜곡된 피해자 의식에 갇힌 말이 아니다. 나의 상처와 약함을 부정하지 않고 받아들이는 것, 연약함이나 상처 입을 줄 아는 마음을 통해 타인과 연결되는 것, 약함을 공유할 수 있는 것이 중요하다.

어떻게 하면 '제대로 상처받을 수 있는 남성'이 될 수 있을까? 어떻게 하면 자신의 나약함을 통해 다른 사람들과 관계를 다시 정립할 수 있을까? 새로운 남성성을 모색하기 위한 힌트가 〈드라이브 마이 카〉에 있다.

남성들도 자신을 돌봐야 한다

남성들도 자신을 돌보고 배려할 필요가 있다.

남성들은 몸과 마음을 소홀히 하는 경향이 있다. 늘 단정하게 입고 꾸미고 다니라는 요구에 심한 압박감을 느끼는 여성들에 비해, 남성들은 몸과 마음을 소홀히 해도 되는 특권을 허락받았다. 몸과 마음이 받은 상처와 고통을 헤아리지 않고 묵묵히 견디는 '무통(無痛, 모리오카 마사히로[森岡正博]가 자본주의 문명을 무통문명이라고 비판하며 사용한 용어)'이 남자답고 멋지다는 남성성 규범도 있었다.

하지만 그러다가는 역시 몸과 마음에 무리가 가게 된다. 육체와 정신을 매일 보살피고 관리하고 유지하는 일은 남성에게도 중요하다.

'여성적인 감정'은 '남성적인 이성'에 억압되고 관리되고 통제받아야 한다, 사람들 앞에서 감정을 드러내면 안 된다는 믿음은 위험하다.

사회적 격식으로 위장한 '남자다운 갑옷' 안에는 상처 입은 마음이 숨어 있다. 상처를 제때 치료하지 않고 내버려 두는 남성들은 주변의 '여자'(아내 또는 어머니)에게 '남자의 상처'를 치료받기 기대하거나 무의식중에 강요한다.

일상에서 적절하게 자신을 돌보는 훈련과 연습을 다시 배우지 않으면 자신을 방치하거나, 눌려 있던 감정이 폭발해 타인이나 자기 자신에게 폭력적인 공격을 하게 된다.

이것이 이른바 남성의 '폭발' 문제다. 평소에 꾹 참고 담아두다가 한 번에 폭력을 폭발시킨다. 어쩌면 하고 싶었던 말을 애써 누르고 참다가 '고백'하는 일종의 '고백주의'와 표리의 관계인지도 모른다.

그렇다면 터지기 일보 직전인 풍선의 바람을 조금씩 빼듯이, 일상의 관계에서부터 조금씩 감정과 불안을 꺼내고 얕지도 깊지도 않은 관계를 맺는 게 중요하지 않을까? 한꺼번에 모든 상처를 고백하고 다 받아들이는 것이 아니라, 조금씩 꺼내어 공유한다. 이런 식으로 남성성을 부지런히 유지보수하는 것이다.

사람들 앞에서 눈물 흘리기. 약함을 받아들이기. '남자답게' 참지 않고 싫으면 싫다고, 괴로우면 괴롭다고 분명하게 말하기. 나보다 약한 사람을 감정적으로 대하기 전에 나의 상처받은 목소리와 내면의 감정에 세심하게 귀 기울이기.

이러한 것들이 중요하다고 생각한다.

남자들의 겉마음, 속마음, 진심

〈드라이브 마이 카〉는 남성의 '겉마음과 속마음'을 둘러싼 이야기로도 해석할 수 있다.

연출가 겸 연극배우인 가후쿠에게 아내와의 생활은 일상적으로 '좋은 남편'을 연기하는 일이기도 했다.

가후쿠의 겉마음은 '좋은 남편'이라는 가면을 쓰고 아내와 지내지만, 진짜 감정(아내의 남자관계에 상처받은 마음)을 아내와 나누거나, 그녀의 부정한 행동을 따지지는 못했다.

여기서 중요한 건, 미묘하게 다른 '속마음'과 '진심'이다.

뇌성마비가 있는 소아과 의사 구마가야 신이치로(熊谷晋一郎)는 〈현대사상〉 2017년 5월호에 게재한 「'장애인+심신이 건강한 사람의 운동' 최전선: 사이를 잇는 '말'」에서 속마음과 진심을 분리해 보라고 제안한다.

속마음은 자신의 결점을 일부러 꺼내 타인에게 영향력을 행사하거나 그 자리의 분위기를 통제하는 말이다. 속마음을 말하자. 사회적 시선은 신경 쓰지 말고 속마음을 이야기하자. 남성들은 곧잘 이런 위협적인 논리로 호모소셜 관계를 강화한다.

진심은 발언에 영향력은 없지만 집중해서 듣게 된다는 특징이 있다.

이 경우의 '듣는다'에는 두 가지 의미가 있다. 하나는 타인의 이야기를 듣는 것이다. 다른 하나는 나의 감정을 듣는 것이다. 스스로도 잘 알지 못하고 잘 듣지 못하는 내면의 목소리에 귀를 기울인다는 의미다. 마음의 목소리를 듣지 못하는 인간은 타인의 목소리를 듣다 놓치거나 애당초 듣지 않는다.

속마음은 사실 연기적=조작적 권력성을 띠며, 속마음을 꺼내는 남자들의 호모소셜리티를 강화시킨다.

한편 진심은 나와 타인의 관계에서 서로의 목소리에 조용히 집중하고 귀를 기울이는 데 협동해야만 발견할 수 있다. 당사자 연구적 태도, 정신분석적 접근, 상호 돌봄에 기초한 것이다.

이것은 완전히 내 것으로 소유할 수 없는 '목소리'다.

상처와 고통을 공유하기 위해

중요한 건, 〈드라이브 마이 카〉의 러닝타임이 약 3시간 (179분)이나 되는 긴 작품이라는 점이다. 주인공 가후쿠가 이 긴 시간 동안 내면의 '목소리'에 귀를 기울이듯이, 우리도 오랜 시간을 들여 자신의 '진심'과 마주해야 한다.

하지만 신기하게도 이 작품은 그 3시간이 길게 느껴지지 않는다. 영화는 자연스럽고 마음 편안하게 흘러간다.

〈드라이브 마이 카〉는 무라카미 하루키의 텍스트, 체호프의 텍스트, 영화 속 연극, 연기자의 신체, 영화 등 복잡한 구조가 중첩되어 전개된다. 언어 면에서도 일본어, 한국어, 영어, 중국어, 그리고 한국 수화까지 섞여 있다.

비평 용어인 상호텍스트성(intertextuality, 여러 텍스트의 상호 관계성)과 포스트 미디엄(post-medium, 예술작품이 순화된 고유 장르의 제작물로서가 아니라, 다양한 미디어에서 영역을 넘나들며 전개되는 환경을 말한다) 등으로 불리는 다층 구조를 〈드라이브 마이 카〉는 영리하게 활용하고 있다.

그리고 이 작품은 복잡하게 뒤얽힌 구조를 통해 다층적으로, 천천히, 복잡한 것을 복잡한 그대로, 겉마음도 속마음도 아닌 진심으로, 가후쿠 내면의 말하지 못했던 '상처'를 계속해서 표현한다. 〈드라이브 마이 카〉는 겉마음인 '자유주의 사고방식의 지적이고 다정한 남자'에서 한발 더 나아간 새로운 남성상을 보여준다.

남성들의 바람직한 규범이 불안정해지고 유동화되고, 진위와 선악의 기준도 결정할 수 없는 소위 포스트모던(post modern)하고 포스트트루스(post truth)적인 현실에서 남성들은 어떻게 성숙해져야 하는가, 어떻게 정직한 '진심'을 드러낼 수 있는가. 〈드라이브 마이 카〉의 중첩된 상호텍스트성은 이러한 과제와도 깊게 관련된다. '진심'은 가면(겉마음)일까 민낯(속마음)일까 하는 대립을 넘어선다.

남자들의 속마음으로 돌아가 권위적인 '아저씨'가 되거나, 상처가 깊어져 피해자 의식에 빠진 인셀이 되는 것이 아니라, 포스트모던적인, 포스트트루스적인 시대 상황을 견딜 수 있는 남성 주체로 성숙해지는 것.

이런 점에서 죽은 아내와의 친밀한 공간이었던 사브 900에 미사키뿐 아니라 아내의 불륜 상대이자 가후쿠가 연출을 맡은 연극에 출연하는 파멸 유형의 젊은 남자배우 다카쓰키가 함께 타는 장면은 중요하다.

아내 이외의 살아 있는 사람을 차에 태우는 일, 타인의 동승을 받아들이는 일(그들과 차내 공간을 공유)은 가후쿠가 죽은 아내와 공유했던 둘만의 친밀한 공간을 타인에게, 사회에 다시 연다는 의미이기 때문이다.

실제로 이다음부터 차 안의 공간은 여러 사람이 상처와 비밀을 공유하는 공생 공간(commons)으로 변화해 간다.

비자본주의 형태의 공유경제(sharing economy)처럼 상처 일부를 함께 공유하는 공생 공간의 힘을 얻은 가후쿠는 자신의 남성성을 천천히 변화시킨다.

돌봄에서의 자기소외

'제대로 상처받았어야 했다'는 인상적인 대사는 말의 의미만 놓고 보면 다소 강하게 들릴 수도 있다.

속마음/겉마음이라는 '일본적' 호모소셜한 공동성(연출성)이라는 배경에서 '제대로 상처받을 수 있는' 남자의 '진실', 이렇게 '남자의 진실한 고백'을 강조하면 과거 남성적 로망의 연명으로 느껴질 수 있기 때문이다.

즉 가후쿠가 '아내를 아끼는 다정한 남편'일 뿐만 아니라, 애초에 '자신의 약함을 제대로 인정하는 남자'였다면 아내를 '죽이는' 상황까지 가지 않았을 수도 있다. 그러니까 아내와 사별하기 전의 가후쿠는 '제대로'가 아니었다. '제대로 상처받았어야 했다'는 대사는 단죄 논리가 나올 수 있는 조심스러운 말이다.

까딱 잘못하면 '약함을 제대로 인정받을 수 있을 정도로 제대로여야 한다'는 새로운 저주(중압)가 현대 남성들에게 심어질 수도 있다.

실제로 자기 돌봄의 필요성이 지나치게 강조되면 오늘날의 글로벌 자본주의가 요구하고 있는 자기관리와 자기통제가 더 강화돼 숨 막힐 것이다.

현대 사회에서 매일 자기 자신을 돌보고, 몸과 마음을 가다듬고, 일하는 방식과 인생의 태도를 꾸준히 관리하고 통제하지 않으면 살아남지 못할 것이라고……

가후쿠가 젊은 여성에게 안겨 위로받는 장면이 끝에 두 번에 걸쳐 반복되는 점도 약간 마음에 걸린다. 현실 속 가후쿠와 미사키의 관계는 작중의 연극 〈바냐 아저씨〉의 바냐와 소냐의 관계다.

이 세상의 남성은 아내, 어머니 또는 저임금 돌봄 노동자에게 다양한 돌봄의 부담을 떠넘기고 있다. 이것은 동시에 돌봄 관계에서 남성들은 소외된다는 말이기도 하다. 이러한 '돌봄에서의 자기소외' 때문에 남성들은 여성에게 이성애적인 인정을 과도하게 바라는 것이 아닐까?

그렇게 생각하면 가후쿠의 시행착오는 여기가 끝이 아니다. 이 지점부터 더욱 새롭게 시작할 수 있다.

무라카미 하루키와 미소지니

지금까지 하마구치 류스케 감독의 영화 〈드라이브 마이 카〉를 남성학/남성해방운동 관점에서 해석했다. 이제부터는 무라카미 하루키의 원작 소설 『여자 없는 남자들』과 비교해가며 다른 점을 살펴보겠다.

다른 점을 살펴보는 이유는 영화 〈드라이브 마이 카〉가 매우 완성도 높은 원작을 각색했는데, 그래서인지 소설 『여자 없는 남자들』이 주는 중요한 메시지가 잘 보이지 않는 느낌이 들었기 때문이다.

'하루키 소설에서 모호한 부분은 영화 버전에서 적절히 처리해 다양성을 존중하는 글로벌 가치관에 대응하는 작품으로 수준을 올렸다'라는 관점에서만 정리하고 끝낼 수는 없다고 생각한다.

여기서 하나 중요한 건, 〈드라이브 마이 카〉의 주제를 상징하는 대사 '제대로 상처받았어야 했다'는 사실 원작에는 직접적으로 나오지 않는다는 점이다.

『여자 없는 남자들』에는 「드라이브 마이 카」「예스터데이」「독립기관」「셰에라자드」「기노」「여자 없는 남자들」등 여러 단편이 있는데, '제대로 상처받았어야 했다'는 가후쿠의 '진심'이 나오는 장면은 「기노」에서 따왔다.

스포츠용품 회사에서 오래 근무한 중년 남성 기노는 회사에서 가장 친한 직장동료와 아내가 성관계하는 장면을 우연히 보게 된다. 이후 기노는 회사를 그만두고 아내와 헤어진 뒤 이모가 운영하는 카페를 이어받아 작은 바를 차린다.

바에는 잿빛 길고양이, 가미타라는 수수께끼 남성이 방문하곤 한다. 얼마 후 기노와 아내가 정식으로 이혼했고, 처리할 용건이 남아 있어 아내가 기노의 가게에 찾아온다.

가게에서 만난 두 사람의 대화다.

"당신에게 미안하다고 말해야 해." 아내가 말했다.

"뭐에 대해?" 기노는 물었다.

"당신에게 상처 준 일 말이야." 아내가 말했다. "상처받았을 거잖아, 조금은."

"그렇지." 기노는 잠깐 틈을 두고 말했다. "나도 당연히 사람이니까 상처받을 일에는 상처받아. 조금인지 큰지, 그 정도까지는 알 수 없지만."

"얼굴 보고 제대로 사과하고 싶었어."

기노는 고개를 끄덕였다. "당신은 미안하다고 했고 나는 받아들였어. 그러니까 이제 신경 쓰지 않아도 돼."

(중략)

그는 말했다. "누구 탓도 아니야. 내가 하루 일찍 돌아가지 않았으면 될 일이었어. 아니면 미리 연락하든가. 그랬다면 그렇게 되지 않았을 거야."

왠지 남의 일처럼 말하는 아내의 무책임한 말투에 반감과 위화감을 느끼지만 기노는 말하지 않는다. 아내를 탓하지도 않는다. "당신은 미안하다고 했고 나는 받아들였어. 그러니까 이제 신경 쓰지 않아도 돼"라며 아내를 감싸는 말까지 한다.

하지만 기노는 아내 앞에서 반쯤 거짓말을 하고 있다. 가해자 입장의 아내가 사과하기도 전에 그녀를 먼저 용서한다. 기노가 착한 사람이라서가 아니다. 기노는 아내의 '진심'과 마주하기를 두려워하고 있다. 그는 아내의 마음속에 있는 진리, '여자'라는 '진리'와 직면하기를 원치 않는다.

이후, 초자연적인 위험이 닥쳤을 때 기노는 아내와 했던 대화를 떠올린다. 그리고 마침내 '절반'의 거짓말(자기기만)을 인정한다.

미묘한 뉘앙스의 차이일 수도 있다. 하지만 '나는 상처받아야 할 때 충분히 상처받지 않았다'는 말 위에 '제대로'라는 규범이 더해졌다. 이렇게 되면 원작 소설과 다르게 영화 〈드라이브 마이 카〉의 대사에는 남성들은 '제대로' 살아야 한다는 처벌의 뉘앙스가 어떻게든 따라붙는다.

이는 남자의 상처=본연의 진심이 '제대로'(돌봄 논리)인지 아닌지 따져 도덕적으로 벌한다는 뜻이다. 앞으로의 시대에서 남자들은 일도 집안일도 당연히 잘해야 하고, 타인을 다정하게 배려하는 자유주의 사고방식은 기본이 된다. 제대로 상처받고, 매일 부지런히 몸과 마음을 유지하고 돌보는 남자여야 한다고 말하고 있다.

하지만 무라카미 하루키가 『여자 없는 남자들』에서 하고 싶었던 말은 도덕적인 옳다/그르다 차원의 문제가 아니다.

단적으로 말하면, 무라카미 하루키는 남성들의 미소지니(misogyny, 여성 공포) 문제를 어떻게 극복할 수 있는지를 전하려고 했다.

하마구치 류스케 감독의 '자유주의 사고방식'의 감각으로 재탄생한 〈드라이브 마이 카〉보다 더 불길하고, 위험하고, 사악한 것이 『여자 없는 남자들』에 있다. 원작의 이런 꺼림칙한 분위기에 주목해 보자.

이를테면 기노는 생각한다. '나는 잊는 것뿐만 아니라, 용서하는 것도 배워야 해'라고. 그렇다면, '상처받아야 할 때 충분히 상처받는다'로 어떻게 타인을 '용서한다'는 걸까?

『여자 없는 남자들』을 다시 읽어보면 이 단편집이 '여자 없는' 남자들의 이야기, 친구와 아내가 불륜을 하거나 아내가 떠난 남자들에 대한 이야기일 뿐만 아니라 '남자가 없는' 남자들의 이야기, 즉 동성 친구가 없는 남자들에 대한 이야기인 것을 알게 된다.

그들은 다른 '남자'와 연대하거나 친구가 되지 못한다. 슬픔과 분노도 나누지 못한다.

'남자'들은 연대(서로 돌보는 관계, 형제애)가 불가능하므로 혼자 힘으로 고독을 처리해야 한다.『여자 없는 남자들』이 '동성 친구가 없는 남자들'이라고 말한 것은 바로 이런 의미에서다.

동성 친구가 없는 남자들

영화 〈드라이브 마이 카〉는 기본적으로 자유주의 가치관에서 만들어졌다. 남성의 내면에서 음침한 여성혐오는 느껴지지 않는다.

영화 후반부에 감정을 주체하지 못한 다카쓰키는 피해망상처럼 주변 사람들에게 시비를 걸며 달려들거나 몰래 사진을 찍은 남성을 두드려 패다가 죽이기도 하지만, 이건 여성에 대한 증오나 공포, 미소지니 행동이 아니라 어디까지나 실존적인 '공허한 마음'의 문제로 다루어진다. 이는 무라카미 하루키가 전하는 주제 중 하나다.

한편, 원작 소설『여자 없는 남자들』에 등장하는 남자들은 대개 어떤 형태로든 내면에 미소지니가 있다. 이 미소지니가 심해져 '여자'에게 공포와 두려움을 느끼고 갈등하고 괴로워한다.

그들은 내면의 폭력성을 통제할 힘을 잃기 직전의 상태다. 즉 압도적인 폭력에 닿기 일보 직전이다.

중요한 건 남성들을 증오와 폭력으로 몰아넣는 건 '여자'들이며 그 원인은 '여자'의 '독립기관' 때문이라는 것이다. 이것은 현실 반영 또는 사회 정의 측면에서 올바르지 않다.

여자들 개개인의 인격과 자유 의지 문제가 아니다. 생물학적 '기관'이 문제다. 물론 이건 굉장히 위험한 사고방식이다. 진화생물학과 인지과학의 지식을 내세워 반동적인 성차별을 정당화할 때 자주 쓰는 논리와 가깝다.

그리고 더 중요한 점은 『여자 없는 남자들』에 등장하는 남자들은 지금 당장 폭발해도 이상하지 않은 살벌한 폭력성을 가지고 있는데도, 자신을 고뇌에 빠뜨린 '여자'를 죽이거나 때리지 않는다. 욕을 퍼붓거나 힐난하지도 않는다.

그들의 폭력은 눈앞에 있는 '여자'가 아니라 다른 누군가(남자)에게 향하거나 자폭하는 타나토스적인(자기파멸적) 충동으로 나타난다. '여자'를 둘러싼 '진리'와 맞닥뜨리기를 기묘할 정도로 피한다.

단편 「독립기관」은 '나(다니무라)'와 친구가 될 수도 있었던 52세 성형외과 의사 도카이라는 남성의 희비극을 그리고 있다. 독신주의자 도카이는 다양한 여성들과 관계를 즐기고 있다.

그런데 예상치 않게 한 유부녀에게 강하게 이끌리고 상사병에 빠진다. 도카이는 그녀에게 농락당해 가진 돈을 몽땅 털리고 거식증까지 걸리고 만다. 그리고 마지막에는 미라, 좀비처럼 변해 맥없이 죽게 된다. 여기서도 '나'는 도카이와 오래 알고 지낼 동성 친구가 되는 데 실패한다.

아직 도카이가 살아 있었을 때 그는 아우슈비츠 강제수용소로 끌려간 유대인 의사에 관한 책을 읽고 기묘할 정도로 몸이 심하게 떨리는 것을 느끼며 정체성 혼란을 겪는다.

'이 의사에게 닥친 끔찍한 운명은, 장소와 시대만 바뀌면 그대로 내 운명이었을지도 모른다.' 도카이는 이런 이상한 생각에 사로잡힌다. 그리고 강제수용소의 죄수처럼 말라비틀어져 점점 죽어간다.

이건 거의, 그에게 '여자'라는 존재는 유대인에게 나치가 의미했던 것과 같다고 말하는 것이다. 이 또한 실로 위험한 사고방식이다.

그는 기묘한 '개인적인 생각'도 하고 있었다. '모든 여성은 거짓말을 하기 위한 특별한 독립기관을 태어날 때부터 갖고 있다'고.

그게 어떤 거짓말이고, 언제 어떻게 거짓말을 할지는 여성마다 다르다. 그러나 '모든 여성은 어느 시점에 반드시 거짓말을 하고, 그것도 중요한 일로 거짓말을 한다.'

도카이는 믿고 있었다. '그리고 그때는 대부분의 여성이 얼굴색도 목소리도 바뀌지 않는다. 왜냐하면 그건 그녀가 아니라 그녀의 독립기관이 하는 거짓말이기 때문이다. 그러니 거짓말했다고 그녀들의 아름다운 양심이 고통받거나 편안한 잠자리가 방해받는 일은, 특별한 예외를 제외하고는 일어나지 않는다.'

상당히 섬뜩하고 기괴하고 사악한 생각이다. 이 '개인적 생각'은 『여자 없는 남자들』에 실린 모든 소설을 관통하는 모티브이며, 고집스러운 저음의 목소리로 울리고 있다.

단편 「드라이브 마이 카」에서 아내가 왜 그런 시시한 남자와 잠자리를 했는지 이해할 수 없는 가후쿠에게 미사키는 냉담하게 조언한다. "여자는 그런 면이 있어요." "그건

병 같은 거예요, 가후쿠 씨. 생각한다고 어떻게 할 수 있는 일이 아니에요."

『여자 없는 남자들』을 읽으면 이런 이미지가 떠오른다. 남자들은 여자 없는 남자들끼리, 상처받은 남자들끼리 친구가 되려고 한다. '여자'의 '거짓말'에 상처받아 미소지니가 있는 남자들이 서로 돌보는 연대, 비폭력적인 형태의 호모소셜 유대감을 돈독히 다지려고 한다.

하지만 지속적인 동성 친구 관계(형제애)를 만들지 못한다. 진정한 친구가 될 수 있었던 남성들은 돌연 자취를 감추거나, 자멸하거나, 일방적으로 관계를 끊거나, '사라진다'…….

가후쿠도 도카이처럼 아내에게 주체할 수 없는 '분노'를 느끼고 있었다.

그런데 이들은 이 감정을 여성들에게 돌리지 못한다. 말로 설명하거나 대화하거나 서로 나누지 못한다. 어떤 영문인지 불가능한 일이라고 미리 설정해두었다. 이 폭력성은 해당 여성을 대신해서 다른 사람에게 향하거나, 내면으로 향해 우울해지거나, 자살 같은 자기 파멸로 치닫는다.

하루키 소설과 인셀

무라카미 하루키가 묘사하는 남성 주체의 일반적인 이미지는 공허한 실존 감각에, 고도 자본주의 사회에서 소비 생활을 하는 비교적 부유하고 인기 있는 남자로 알려져 있다.

확실히 그런 측면이 있다. 그러나 그 안으로 들어가 보면 무라카미 하루키가 묘사하는 '남자'들의 내면에 있는 것은 인셀처럼 여성혐오가 깊어져 울분이 쌓인 황량한 풍경이다.

작품 속에서 그들은 불특정 다수 여성과 성적 관계를 맺고 있어 얼핏 인기 있어 보이지만, 실은 돌연 자취를 감추거나 거짓말을 하는 여성들에 대한 뿌리 깊은 미소지니를 안고 있다. 이러한 울분과 폭력적인 감정을 주체하지도 못한다.

도카이가 사랑하는 여성에게 농락당하고 이유도 모른 채 버림받은 일이 아무리 과장되고 우습게 보여도, 그는 아우슈비츠의 유대인들과 마찬가지로 가혹하고 괴로운 일을 겪었다는 생각까지 하고 있다.

그러므로 소설가 무라카미 하루키에게 '남자'들은 '제대로 상처받을 수 있는 남성'일 뿐만 아니라 '내면의 여성 혐오=페미사이드와 맞설 수 있는 남성'으로도 존재해야 했다.

『여자 없는 남자들』은 이를 위한 소박하고 잠정적인 시행착오의 기록이라고 할 수 있다.

영화 〈드라이브 마이 카〉는 청년 다카쓰키의 실존적 울분과 공허한 폭력을 강조했다. 그러면서 원작 『여자 없는 남자들』에 있던 섬뜩한 미소지니 요소는 씻겨나갔다.

그렇다면, 남자들이 내면의 가해성, 증오, 공격성, 타나토스 등을 정직하게 인정하고 자각하고 맞서려면 어떻게 해야 할까?

시민 사회에서 누구나 상식으로 여기는 '옳음'과 돌봄 논리의 '다정함'으로 처리할 수 없는 것, 자유주의 가치관으로 포섭할 수 없는 섬뜩하고 사악한 욕망과 마주하려면 어떻게 해야 할까?

『여자 없는 남자들』안에 이 질문에 대한 명쾌한 해답은 나오지 않는다. 하지만 질문 그 자체는 모습을 드러낸 채 우리 앞에 놓여 있다.

체호프, '징그럽고 돈 없는 아저씨'의 문학

단편 소설 「드라이브 마이 카」와 영화 〈드라이브 마이 카〉
에서 가장 중요한 의미는 안톤 체호프의 『바냐 아저씨』가
쥐고 있다.

　무라카미 하루키가 안톤 체호프라는 소설가에게 꽂힌
이유를 알 것 같다. 시대도 장소도 다르지만, 체호프 또한
남성들의 미소지니 욕망에서 보편적 의의를 찾으려고 한
작가였기 때문이다.

　비평가 기타무라 사에(北村紗衣)는 『설탕과 향신료와 폭
발적인 어떤 것: 불성실한 비평가의 페미니스트 비평 입
문 お砂糖とスパイスと爆発的な何か―不真面目な批評家によるフェミ
ニスト批評入門』(2019)에 수록한 「징그럽고 돈 없는 아저씨

의 문학론」이라는 에세이에서 징그러운 아저씨들이 등장하는 문학 작품으로 존 스타인벡의 『생쥐와 인간』(1937)과 『바냐 아저씨』(1897)를 언급한다.

『바냐 아저씨』는 전형적인 약자 남성론 계보에 속하는 문학 작품이며, 이 흐름은 소설『여자 없는 남자들』과 영화 〈드라이브 마이 카〉로 계승되었다고 설명한다.

안톤 체호프(1860~1904)는 4대 희곡으로 일컬어지는 걸작을 남겼다. 『갈매기』 『바냐 아저씨』 『세 자매』 『벚꽃 동산』이다. 『갈매기』를 집필하기 약 6년 전에 쓴 희곡『숲의 정령』을 각색한 작품이 『바냐 아저씨』다.

『바냐 아저씨』는 현대 일본의 약자 남성을 고찰하는 데 중요한 구성 방식을 제공한다.

여기서는 바냐, 소냐, 의사인 아스트로프, 이렇게 세 명의 등장인물을 중심으로 『바냐 아저씨』를 살펴본다.

바냐 아저씨는 무엇을 견디고 있는가

바냐는 47세다.

한때는 밝았고, 미래에 대한 신념도 있는 청년이었다. 그러나 영지를 유지하기 위해 긴 세월을 하루하루 잡무를 처리하는 데 쫓겨 지금은 '일생을 헛되이 살았어. 나도 팔이 있고 머리도 있는 남자다운 인간이야. (중략) 만약 내가 제대로 살았더라면 쇼펜하우어나 도스토옙스키가 되었을 수도 있어'라는 울분이 있었다.

바냐의 조카 소냐는 '못생겼다'는 열등감에 자신의 사랑은 이루어질 수 없다고 생각하며 바냐 삼촌과 하루하루 쉬지 않고 허무한 노동을 하고 있다.

그들이 유지하고 관리하는 집에는 퇴임한 교수 세레브

랴코프라는 인물이 있다. 세레브랴코프의 죽은 전처 베라
는 바냐의 누이동생이다. 그리고 세레브랴코프와 베라 사
이에서 태어난 딸이 소냐다. 세레브랴코프의 두 번째 아내
는 엘레나라는 무척 아름답고 불행한 여성이다.

세레브랴코프는 통풍, 류머티즘, 편두통에 간 비대증까
지 있는 종합병원 같은 인물이다. 게다가 거만함을 타고났
고, 다른 사람이 자신을 위해 애쓰는 일에 별다른 감정을
느끼지 못한다. 일에 있어서나 여성과의 관계에서 지금까
지 많은 걸 누리고 살았지만 자신이 불운하고 불행한 인간
이라고 생각한다.

바냐와 소냐는 세레브랴코프의 학문과 생활을 위해 25년
간 헌신적인 노동과 고단한 생활을 계속해왔다. 영지를 유
지하면서 땡전 한 푼도 낭비하지 않고 생활비를 보냈고, 또
밤늦게까지 세레브랴코프의 일을 도와 참고문헌을 번역하
거나 초고를 깔끔하게 정리했다.

그리고 또 한 명의 주요 인물 아스트로프 의사. 그가 평
소에 하는 생각은 이러했다. "이십 년간 나는 단 하루도 허
투루 보내지 않았어. 이러니 늙지 않을 수 없지. 게다가 날
마다 되풀이되는 생활이 지루해서 견딜 수 없어." "백 년,

이백 년 후 태어날 사람들은 지금 이렇게 부지런히 삶을 개척하고 있는 우리에게 고맙다고 생각할까?" "나는 일하고 있어. 이 마을에서 나만큼 많이 일하는 남자는 한 명도 없겠지. (중략) 그런데 내겐 아득히 멀리서 비춰주는 불빛이 없어. 이제 나는 아무런 기대도 없고 인간을 사랑할 마음도 없어."

즉 바냐와 마찬가지로 아스트로프도 허무와 허탈감을 느끼고 있다. 『바냐 아저씨』의 원형이 된 『숲의 정령』에서 아스트로프는 흐루쇼프라는 이름으로 등장하는데, 이 남자야말로 '숲의 정령'이라고 불리는 성인(聖人) 같은 인물이다. 그에 비해 『바냐 아저씨』의 아스트로프는 세속적인 피로에 시달리는 인물이며 바냐와 인간적인 친근감을 느낀다.

두 사람은 허무와 허탈감을 나누는 사이지만, 아스트로프는 가난한 농민들의 질병과 전염병을 치료하기 위해 분주하게 돌아다니거나, 오래된 숲을 지키기 위해 나무를 심고 미래 세대에게 희망을 남겨주려는 활동을 계속한다. 이것이 아스트로프와 바냐의 다른 점이다.

아스트로프는 이렇게 말한다. "이런 일은 정말이지 제

정신으로 할 일이 아니야. 하지만 내 덕분에 나무가 베이는 상황을 면했고, 백성들의 숲길을 지날 때나, 내 손으로 심은 묘목이 숲에서 바스락거리는 소리를 들을 때, 나도 내 힘으로 풍토를 조금이나마 바꿀 수 있음을 깨닫는다. 만약 천 년 후의 사람들이 행복해진다면 나도 조금은 보탬이 되었겠지. 내 손으로 심은 어린 자작나무들이 짙푸르게 무성해져 바람에 흔들리는 풍경을 보고 있으면 가슴이 벅차올라."

이러한 아스트로프의 이상주의에 바냐는 의심스러운 눈초리를 보내고 때로는 비꼬기도 한다.

『바냐 아저씨』에서 체호프가 후기 작품 활동에서 시행착오를 통해 형태를 만들고 결정화한 인생의 세 가지 길은 원형적인 삼각형을 이룬다.

1. 일상의 노동에서 오는 허무를 깨닫지만, 가난하고 곤궁에 처한 사람들을 위해 또는 인류의 미래를 위해 끊임없이 노력하는 아스트로프의 길 → 허무주의를 넘어선 이상주의

2. 설령 이 땅에서 행복해질 수 없다 해도 신을 믿고 천

국에서 치유된다고 믿고 괴로운 인생을 꿋꿋이 사는
소냐의 길 → 신앙과 깨달음에 의한 구원
3. 그저 공허하게 일하고, 사랑도 치유도 구원도 없는 인
생을 건디는 바냐의 길 → 의미 없는 노동을 통한 인내

자신이 하는 일을 헛수고라고 느낄 만큼 회의하고 과로
하면서도 아스트로프는 의사로서 완수해야 할 사명이 있
고, 환경 보호 활동이라는 이상주의 신념도 있다.

한편, 소냐에게는 순수한 신앙심이 있고, 뒤에서 설명
할 『세 자매』 『벚꽃 동산』으로 이어지는 자매애의 징후가
있다.

이 두 사람에 비해 바냐는 인류에 대한 사명감도 없고
신앙심도 없다. 바냐가 약자 남성, 인셀의 원형이기 때문
이다. 그의 앞에는 공허하고 보람 없는 노동만 남아 있다.
그리고 누구와도 나눌 수 없는 '괴로움'만 가득하다.

이제 내 인생은 끝났다, 되돌릴 수 없다, 이런 생각이 마치
신인지 악마인지 낮과 밤을 가리지 않고 내 마음을 뒤덮고
있어요. 지난날의 추억이 아니에요. 시답지 않은 일에 부끄

럼 없이 태평하게 삶을 낭비했기 때문이죠. 그러면 지금은
어떤가 하면, 맙소사, 변한 게 없어요. 그래도 나는 아직 살
아 있어요. 그래도 내 가슴에는 인간다운 애정이 있어요.
그런데 그걸로 도대체 어떻게 하라는 거죠?

아스트로프와 소냐의 길보다 바냐의 길이 가혹하고 불
행하다거나 바냐가 진정한 희생자라는 의미가 아니다. 이
를테면 세레브랴코프 부부가 온 이후로 바냐는 노동의 부
담을 모두 조카 소냐에게 넘겼다. 남녀의 비대칭성을 잊어
서는 안 된다. 또한 소냐가 스스로 '못생겼다'고 생각하는
아름다움과 추함의 문제를, 바냐는 알아차리지 못한다는
점도 간과할 수 없다.

여성들의 자매애,
불가능한 남성들의 연대

여기서 중요한 점은 근본적으로 아스트로프나 소냐의 길은 바냐의 길과 교차할 수 없다는 것이다. 그들의 허무주의는 비슷하고 서로 공명하는 측면이 있지만, 그들은 이제 연대도 공동 투쟁도 할 수 없다.

체호프의 4대 희곡에는 가진 것이라고는 애매한 재능밖에 없어 사랑하는 여성에게는 사랑받지 못하고, 무의미하고 쓸모없는 노동에 매달릴 수밖에 없는 유형의 남성들의 계보가 있다. 『갈매기』의 트레플료프는 자살하고, 『바냐 아저씨』의 바냐는 무의미한 노동에 종사하고, 『세 자매』의 안드레이는 불행한 결혼으로 자신을 속이고, 『벚꽃 동산』의 머리가 벗어진 대학생 트로피모프는 미래를 이야기하지만, 상당히 수상한 남자다.

아스트로프 의사의 영혼과 공명하는 인물은 『세 자매』
의 베르쉬닌 육군 중령이다. 『갈매기』의 작가 트레플료프
나 『벚꽃 동산』의 상인 로파힌 등은 다른 유형이다.

등장인물들이 나누는 이야기는 대화라기보다 독백에
가깝고, 인물들의 스쳐 지나가는 사랑과 이별만 돋보인다.
『갈매기』의 청년 트레플료프의 "새로운 형식이 필요해요.
새로운 형식이 필요하고, 만일 없다면, 차라리 아무것도
없는 게 나아요"라는 대사는 유명하다.

『바냐 아저씨』에서 바냐는 엘레나를 사랑한다. 소냐는
아스트로프를 사랑한다. 그리고 아스트로프는 엘레나를
사랑한다. 엘레나도 늙고 하소연만 늘어놓는 남편에게 질
려 아스트로프에게 마음이 기운다. 『숲의 정령』에서는 아
스트로프의 전신인 흐루쇼프와 소냐가 엇갈리다 결국 사
랑하는 사이가 된다.

즉 바냐와 소냐는 연애에서도 보상받지 못한다.

바냐보다 소냐에게 더 가혹한 현실이라면, 그건 여성들
이 놓인 사회적 위치와 관련이 있을 것이다. 『바냐 아저씨』
에서 못생긴 소냐와 아름다운 엘레나의 여성 간 격차는 극

명하게 대조된다.

소냐는 못난 외모에 끊임없이 괴로워하며 이런 말을 한다. "아, 너무도 싫다. 왜 이렇게 추하게 태어났을까! 정말 싫어! 게다가 난 내가 못생겼다는 걸 잘 알고 있어, 아주 잘 알고 있다고. (……) 지난 일요일 교회에서 나올 때 다들 나에 대해 말하는 걸 들었어. "저 사람은 상냥하고 다정한데 가엾게도 못생겼어"라고……. 못생겼어……. 못생겼어……. 못생겼어……."

그러나 중요한 건, 이런 상황에서도 못생긴 소냐와 아름다운 새어머니 엘레나는 서로의 불행을 보듬고 자매애 같은 감정을 싹틔운다. 영화 〈드라이브 마이 카〉에서도 공원에서 연극 연습을 하는 소냐와 엘레나 사이에 자매애 같은 관계가 싹트는 장면이 인상적으로 묘사된다. 무언가 기적적인 것이 왔음을 짐작하게 한다.

엘레나는 수려한 외모로 많은 남자의 사랑을 받지만, 자신은 남자들의 '장식품'이며 '불행하다'고 느낀다.

그런데 『갈매기』의 여배우 니나의 고독은 그 누구와도 연결되지 못하지만, 『바냐 아저씨』의 소냐의 고독에는 새로운 유대의 희망이 있다. 그리고 소냐와 엘레나의 자매애

관계는『세 자매』에서 제목 그대로 세 자매의 관계, 또는
『벚꽃 동산』에서 여지주·딸·양녀의 '세 자매'의 유대로
전개된다.

한편, 아스트로프는 바냐의 마음에 공감하지만 두 사람
의 관계는 형제애까지 발전하지 못하고 '동성 친구가 없는
남자들'에서 끝난다. 불가능한 남성들의 연대, 형제애가
없는 남자들의 고독은『갈매기』『세 자매』『벚꽃 동산』의
인간관계에도 적용된다.

누구도 죽이지 않고,
여성을 증오하지 않고,
자살하지 않는 논리

『바냐 아저씨』는 제3막에서 선세가 급변한다.

바냐에게 생활비를 송금받고 지금까지 여러 도움을 받은 세레브랴코프는 인생에 돌파구가 보이지 않자 집을 팔고 그 돈으로 핀란드로 거처를 옮기겠다고 말한다.

그렇게 되면 바냐와 소냐는 살 곳을 잃고 길거리에 나앉게 된다. 무신경하고 오만한 세레브랴코프는 자신의 안위만 생각하고 이 둘의 생활이 어떻게 되든 관심도 없다. 원래 이 영지는 아버지가 바냐의 누이에게, 그리고 소냐에게 상속한 땅이지 세레브랴코프의 소유물이 아닌데도 말이다. 어떤 의미에서 그는 노동자와 농민을 끊임없이 착취하는 임대 사회(토지 등의 소유자가 일방적으로 이익을 얻는 사회)

의 자본가를 상징한다.

이 사실을 알게 된 바냐는 격분한다. "나는 사랑하는 누이를 위해 이 토지의 상속권을 포기했어. 그러지 않았다면 이 토지는 결국 우리 몫이었지. 아니, 그뿐만이 아니야. 나는 이십 년이라는 세월 동안 소처럼 땀흘리며 대출을 모두 상환했어. (중략) 이 토지의 대출을 깔끔하게 정리하고 게다가 여기까지 유지할 수 있었던 건 오로지 나라는 인간의 노력 덕택이야. 그런데 인제 와서 다 늙은 내 목덜미를 잡아채 밖으로 내던진다고? 이십오 년간 나는 이 토지를 대신 관리하고, 땀흘리며 부지런히 당신에게 돈을 보냈어. 이렇게 성실한 관리인이 이 세상 어디에 있을까? 그런데 당신은 그 오랜 세월 동안 내게 고맙다는 말을 단 한 번도 하지 않았어. 그동안 젊었을 때도 늙어버린 지금도 나는 당신에게서 일 년에 500루블, 없어도 그만인 그 돈을 고맙다고 받아왔어. 게다가 당신은 단 1루블도 올려준다는 말을 꺼낸 적이 없었어!"

이런 의미에서 바냐에게 세레브랴코프는 '철천지원수 같은 적'이다. "당신은 나의 일생을 망가뜨렸어! 지금 이 나이 될 때까지 나는 생활을 누려 본 적이 없어, 생활을!"

그리고 바냐는, 죄의식도 가해자 의식도 없이 처음부터 끝까지 피해자 의식에 빠져 허우적대는 세레브랴코프를 총으로 쏘지만 죽이는 데는 실패한다. 두 발을 쏘았지만, 총알은 세레브랴코프를 명중시키지 못했다.

여기서 중요한 건, 자신의 노동과 생활을 오랜 세월 착취한 세레브랴코프를, 우연인지 애당초 쏠 마음이 없었는지 알 수는 없지만, 결국 바냐가 죽이지 않았다는 사실이다. 체호프가 사할린 여행에서 돌아와 쓴 중편 소설 『결투』에서도 중요한 결투 장면에서 끝내 아무도 죽지 않아 이야기 구조가 바뀌었듯이. 그리고 바냐는 끝까지 자신을 사랑하지 않는 엘레나도 죽이지 않았다.

바냐는 자살도 선택하지 않았다. 마지막에 그는 자살하려고 챙겨둔 모르핀 약병을 아스트로프에게 순순히 돌려준다.

『바냐 아저씨』의 모티브가 된 희곡 『숲의 정령』에서는 바냐에 상응하는 인물인 이고르가 자살하고, 이 일이 촉매제가 되어 다른 인물들은 느슨한 행복에 도달한다.

희곡 『이바노프』에서는 이바노프가 햄릿처럼 고뇌하다 자살하고, 『갈매기』에서는 청년 트레플료프가 돌연 자살해 긴장감이 고조된 장면에서 막이 내린다. 하지만 바냐에게는 살인이 초래한 비극이나 자살로 구원받겠다는 선택지마저 주어지지 않는다.

약자 남성의 상징이라고 말할 수 있는 바냐의 마음속에는 여성을 대한 원한, 질투, 증오가 있었을 것이다.

십 년 전, 37세의 바냐는 17세의 어린 엘레나를 만난 적이 있었고, 나중에 '왜 나는 그때 그 사람을 사랑하고 결혼을 서두르지 않았을까? 어려운 일도 아니었는데!'라고 후회한다. 물론 '징그러운 아저씨'의 전형적인 사고 회로에 불과하다. 모든 일이 그렇게 톱니바퀴 돌아가듯 잘 맞아들어갈 리 없다.

참고로 『바냐 아저씨』의 '아저씨'가 가지고 있는 인기 없는 남자의 의식을 사정없이 파헤치는 작품은 『세 자매』다. 여기서 올가, 마샤, 이리나 세 자매는 저마다 불행하지만, 작품의 제목 그대로 자매애 유대를 형성한다.

그러나 장남 안드레이와는 그렇게 하지 못한다. 젊은 시절 안드레이는 재능 있는 청년이었지만, 대학교수가 되지 못했고 몸은 비대해져 지금은 못된 여자 나타샤에게 휘둘려 대출까지 받았다. 그는 늙고 힘도 없지만 자신은 행복하고 그녀는 대단한 여성이라고 허세를 부린다.

게다가 『세 자매』에서 아스트로프와 대응하는 인물인 베르쉬닌 중령은 독을 마시고 자살 소동을 반복하는 마음이 아픈 아내 때문에 괴로워한다. 추남인 투젠바흐 남작이라는 익살스러운 허무주의자는 막내 이리나에게 청혼하는데 마지막 결투에서 어이없이 죽고 만다.

즉 『세 자매』에서는 여성의 구원, 남성 연대의 길은 철저히 막혀 있다. 잔인하고 냉혹할 정도로 금지되어 있다.

진정한 인셀 바냐 아저씨…….

바냐는 누구도 죽이지 않고, 여성을 증오하지 않고, 자살하지 않았다. 이뿐만이 아니다. '철천지원수'인 세레브랴코프도 용서하고 바냐는 전부 '물에 흘려버린다.' 이별 장면에서 두 사람이 나누는 대화다.

세레브랴코프　나는 기쁘게 당신의 사과를 받아들이네. 그리고 나 역시 깊은 사과의 말을 하고 싶네. 그럼 건강히 지내게!

바냐　앞으로도 다달이 돈을 보내겠습니다. 지난날은 모두 잊으세요.

구원도 해탈도 없는 인내야말로 약자 남성의 존엄

'레이와 테러리스트'는 어린아이, 장애인, 여성 등 자신보다 사회적으로 약한(약해 보이는) 사람들을 칼로 찌르거나 방화를 저질렀다.

영화 〈조커〉에서 아서는 총구를 '아래'가 아니라 '위'로 향해 자본주의의 화신으로 상징되는 남자들을 살해했다.

바냐는 이 공격성은 '아래'(엘레나)로도 '위'(세레브랴코프)로도 향하지 않았다. 자기 자신에게 향하지도 않았다.

그렇다면 바냐의 인셀적인 강렬한 감정과 분노는 어디로 갔을까?

바냐는 아스트로프 앞에서 이렇게 한탄한다.

(얼굴을 두 손으로 감싸며) 수치스러워! 이런 나의 수치스러움을 당신이 알아줬으면! 수치스러워, 너무도 수치스러워. (처량한 목소리로) 아, 견딜 수 없어! (테이블로 고개를 떨구며) 도대체 어떻게 하면 좋을까? 어떻게 해야…….

어떻게든 날 좀 도와줘! 아, 도저히 견딜 수가 없어. 내 나이 마흔일곱. 예순까지 산다면 아직 십삼 년이나 남았어. 한참 남았군! 그 십삼 년을 어떻게 살라는 거지? 어떻게 하루하루를 채울 수 있지?

(손을 꼭 잡고) 적어도 남은 생을 지금과는 다르게 살고 싶어. 아름답게 갠 어슴푸레한 아침, 눈을 뜨면 모든 것이 새롭게 시작된다면? 지난 일은 모조리 연기처럼 사라지면 좋을 텐데. (울면서) 아스트로프, 알려줘. 도대체 어떻게 하면 새롭게 시작할 수 있지? 어떻게 하면 좋을까? 어떻게 하면…….

진정한 인셀 바냐는 '제대로 상처받기' 전에 자신의 인생에 정면으로 절망할 수밖에 없었다.

그리고 인내해야 했다.

무의미하고 허무한 노동을 쉬지 않고 계속하는 것, 그의 인생에 남은 길은 이것밖에 없었다.

아스트로프는 노동과 허무주의 속에서도 나의 일과 노력이 미래의 누군가를 살릴 수 있다는 희미한 희망을 놓지 않는다. 하지만 바냐 앞에 산더미처럼 쌓인 일은 그저 공허하고 무의미하다. 이래서는 그 누구도 살릴 수 없다.

나의 '괴로움'을 누군가 알아준다면, 하고 바냐는 계속해서 중얼거린다. 이건 자신은 일방적인 피해자이자 희생자라는 의미와는 조금 다르다. 그는 그저 '괴로운' 것이다.

타살로도 자살로도 도망치지 않고 견딘다. 여기에는 종교적 구원도 없다. 불교의 깨달음도 없다.

바냐가 할 수 있는 것은 '구원 없는 일상의 노력'이자 '해탈 없는 인내'다.

가짜 '적'과 싸우거나 살인을 욕망하면 계속해서 인생에 '의미'를 원하게 된다.

하지만 이 모든 걸 거부하고, 남자다움을 자존심에서 찾는 것이 아니라, 갈 곳 없는 고통, 쓸모없는 절망을 지켜내는 것이 바냐라는 약자 남성의 희미한 존엄이자 유일무이한 존재 증명이다.

『바냐 아저씨』의 마지막에 소냐는 바냐에게 이렇게 말

한다. 영화 〈드라이브 마이 카〉 결말에 나오는 유명한 장면이다.

바냐 아저씨, 우리 살아가요. 길고 끝이 보이지 않는 하루하루를요, 언제 동이 틀지 알 수 없는 긴긴 밤을 견디며 살아가요. 지금 이 순간도, 나이 들어서도 한시도 쉬지 않고 다른 사람들을 위해 일해요. 그리고 마침내 그때가 오면 순순히 죽음을 받아들이기로 해요. 저 세상에 가서 우리가 얼마나 괴로웠는지, 얼마나 눈물을 흘렸는지, 얼마나 괴로운 일생을 보내고 왔는지 하나도 빠짐 없이 말하도록 해요. 그러면 신도 안쓰럽게 여기실 거예요. 비로소 그때, 바냐 아저씨, 아저씨에게도 내게도 밝고 멋진, 말로 표현할 수 없는 생활이 시작되면, 와, 기쁘다! 하고 절로 감탄하게 될 거예요. 그리고 지금의 불행한 생활을 그리워하고 너그러이 되돌아보면 우리는 마음이 한결 편해질 거예요. 나는 정말로 그렇게 생각해요. 바냐 아저씨, 가슴 밑바닥에서 솟구쳐 오르듯, 훨훨 불타오르듯, 나는 그렇게 믿어요.

중요한 건, 여기에 이르러서도 소냐와 바냐 사이에 공감도 연대감도 생기지 않았다는 냉혹한 사실이다.

소냐는 바냐의 눈물을 손수건으로 닦고 안아준다. 그러나 젊은 여성인 소냐가 중년 남성 바냐를 돌보고 치유하는 것도 아니다. 오히려 두 사람의 거리감과 단절은 바냐의 '괴로움'을 더 돋보이게 한다.

다시 말하지만, 소냐보다 바냐가 더 불행하고 불운하다는 이야기가 아니다. 다만 소냐에게는 신과 천국에 대한 신앙이 있다. 소냐의 미래에는 자매애의 징후가 있다.

바냐에게는 이러한 것들이 없다. 단지 그뿐이다.

그래서 바냐는 쉼 없이 손을 움직이고 중얼거린다. "빨리 일해야 해, 한시라도 빨리, 뭐라도 시작해야 해. 그렇지 않으면 지금을 도저히 견딜 수 없어…… 견디기 힘들어……." "너무 괴로워. 한시라도 빨리 뭐라도 해야 해. 일이야 일!" "그래, 일이야, 일……."

아무도 죽이지 않고, 자기 자신도 죽이지 않고, 현재와 미래의 누군가를 위해서도 아닌 무익하고 쓸모없는 일을, 죽음이 오는 그날까지 계속하는 것.

이것이야말로 진정한 의미에서 인생의 '헛수고'이자 급진적인 인내이며, 우울하고 시시한 인생을 위해 마지막 순간까지 목숨을 바치는 것이다.

약자 남성의 존엄을 안고…….

자살하지 않는 이유는 삶에 의미가 있어서가 아니라 자살에 에너지를 쓴다는 게 쓸데없기 때문이다. 다른 사람을 죽이지 않는 이유는 타인의 생명이 소중하다거나 그들의 인생이 가치 있어서가 아니라 살인도 쓸데없기 때문이다. 자살이 쓸데없다는 것과 같은 맥락이다.

여기에는 이런 소극적인 의미밖에 없다.

그리고 이걸로 충분하다.

온갖 구원과 인정에서 외면당하고 '괴로움' 속에 계속 머무르면, 이 괴로움은 남자의 자존심이 아니라 약자 남성의 존엄(dignity)으로 거듭난다.

약자 남성의 존엄(dignity of incel).

비록 사랑도 없고, 타인의 인정도 없고, 자기 돌봄도 없고, 남성 동성 친구들 간의 형제애가 없어도 '그냥 살기'(조르조 아감벤)를 완수할 수 있다.

여성이나 사회적 약자를 미워하지 않고, 인정 욕구가 비뚤어져 다크 히어로가 되지도 말고, 바냐 아저씨처럼 작은, 그래서 위대한 존엄을 끝까지 지켜내자.

언젠간 인정도 받고 사랑도 받을 수 있다든가, 속마음을 다 말할 수 있는 친구들과 취미를 함께하며 평화롭게 살 수 있다든가, 그런 있지도 않은 희망을 꿈꾸느라 현실을 속이는 일은 이제 그만하자.

그저 지루한 이 일을, 이 인생을, 사랑받지도 사랑하지도 않고, 죽이지도 죽지도 않고, 마지막 순간까지 이뤄내자.

여기에도 존엄은 있다. 분명 허무주의를 받아들이는 동시에 내면에서는 이를 초월하는 '한낱 인생'의 존엄이 있다. 분명 있다. 있어야만 한다.

3장에서도 설명했지만, '가짜 적'을 오인해 미워하거나 싸워서는 안 된다. 중요한 건 사회 구조에서 진짜 '적대성'을 찾아내고 멈추지 않고 싸울 의지다(인셀 레프트의 길). 하지만 혹시 이마저도 좌절된다면, 완전히 쓸데없고 시시한 이 인생을 죽을 때까지 인내해야 한다.

적으로 착각하고 절대 증오하지도 죽이지도 않는 것, 이 또한 약자 남성의 작은 존엄을 지켜나가는 일이다.

이 인생을 '허무에게 바치는 제물'(소설가, 시인 나카이 히데오[中井英夫]의 표현)로 삼는 것이다.

이 또한 인셀의 내면에 있는 '악', 무라카미 하루키의

『여자 없는 남자들』에 나온 그 '악'과 용감하게 맞서고 싸우는 방법이 아닐까?

제5장

이 시시한
인생을 위해

마지막으로 내 개인적인 생각을 적는다.

언제부터였는지 나는 만성적인 우울 상태에 있었다. 하루의 절반 정도 일하고 나면 몸도 마음도 움직이지 않아서 나머지 하루의 절반은 내리 자든가 그냥 누워 있었다.

공허한 생활이 몇 년이나 지속되었다.

몇 년 전 심료내과(정신과와 내과를 결합한 진료 과목)에 가기도 했지만 처방약이 몸에 맞지 않아 오래 다니지 못했다.

그래도 생활비는 벌어야 하니 움직이지 않는 몸과 마음을 몇 번이고 속이면서 버틸 수 있을 때까지 일하는 수밖에 없었다. 매일 하는 노동이 아무리 허무하고, 생활이 이토록 시시하고 무의미해도.

이렇게 형편없이 나빠진 우울한 인생에서 언젠가는, 어느 날엔가는 벗어날 수 있으리라, 나무를 새로 심을 수 있으리라, 하는 기대와 희망도 이미 없어진 지 오래되어 아스러지고 사라져 버렸다.

몸도 마음도 완전히 너덜너덜해졌다. 닳고 닳았다.

영혼까지도.

바냐는 '내 나이 마흔일곱. 예순까지 산다면 아직 십삼 년이나 남았어. 한참 남았군! 그 십삼 년을 어떻게 살라는

거지?'라고 한탄했다. 나의 여생도 '덤으로 얻은 인생'(오쓰키 겐지[大槻ケンヂ]). 남은 인생도 분명 '괴로운' 시간이 되겠지, 계속 우울하겠지. 상쾌하고 건강한 아침을 맞는 날이, 다시 태어나거나 새로운 나무를 심는 날이, 영원히 오지 않겠지.

이런 생각이 들고 나서 또 시간이 꽤 흘러갔다. 그리고 또다시…….

그래도 나는 더욱 뭔가를 포기하고 싶지 않았다.

정신이 병들거나 우울증에 걸리면 행복해질 수 없다, 사회적 생산성이 하나도 없다, 현실을 바꿀 수 없다, 이런 건 도대체 누가 정한 걸까? 왜 단정 지었을까?

우울한 정신에 잠재된 힘. 힘이 없는 힘. 아마도 있을 것이다……. 아니면…….

물론, 이젠 돌이킬 수 없다는 의미로 정신과 의사 기무라 빈(木村敏)이 말한 '축제가 끝난 후(Post Festum)'의 인생일 수도 있다. 달리 말하면, 모든 건 '소 잃고 외양간 고치기'로서 허무와 행복이 혼재된 상태가 앞으로도 계속된다는 말 아닐까?

이를테면 '이런 세상에 대이나지 말았어야 했다'고 외

치는 반출생주의자(Antinatalism)는 결국 죽음을 결단하지 않으면서 자살하지 않는 이유에 대해 끊임없이 변명을 늘어놓고 세상만사에 욕을 퍼부으며 아주 오래 산다. 이건 의심할 바 없이 괜찮고 멋진 일이다.

또는 SF 세계 속 어둠의 신들이 인류를 멸망시키고 우주가 소멸하는 날에 대해 즐겁게 떠들어대는 '암흑 계몽주의 (Dark Enlightenment)' 신도들 대부분은 지극히 '인간다운' 세속적인 사람들이며, 하찮고 평범한 사고를 한다. 이 또한 괜찮고 멋진 일이다.

우울증으로 자살한 철학자 마크 피셔(Mark Fisher)는 인류가 지금 이 자본주의 본연의 모습을 강화해야 한다고 믿고 있는 것, '현실적'인 선택지는 '이것 하나뿐이다'라고 믿고 다른 이론이나 선택지의 가능성은 막는 것을 '자본주의 사실주의(Capitalist Realism)'라고 했다.

그의 『자본주의 리얼리즘: 대안은 없는가 Capitalist Realism: Is there no alternative?』(2009년)와 『내 삶의 유령들: 우울증, 유령론, 잃어버린 미래에 관한 글들 Ghosts of My Life: Writings on Depression, Hauntology and Lost Futures』(2014년)에 따르면, 이 세상에서는 글로벌 자본주의의 힘만이 현

실이다. 사람들은 문화와 예술 영역에서도 허무주의와 무력감에 갈피를 잡지 못한다. '이제는 바뀔 방법이 없다'는 자본주의의 현실은 우울증 환자들이 느끼는 '이미 배는 떠났다. 이미 때는 늦었다'는 현실과 중첩된다.

마크 피셔는 현대인을 근본적으로 지배하고 있는 감정을 '우울증적 쾌락주의'라고 했다. 아무런 쾌락도 열락도 얻을 수 없다는 의미가 아니다. 일상의 오락과 정보에서 쾌락을 얻거나, 쾌락을 얻고서 울적해지는 상태를 반복하는 길밖에 남아 있지 않다는 의존증적, 양극적 무력을 가리킨다.

사실, 무엇을 해도 불완전한 무력감은 일상의 쾌락이 아니라 다른 것으로 극복해야 하지만, 우울증적 쾌락주의에 빠진 사람들은 다른 길이 있다는 상상조차 하지 못한다. 그래서 우울증, 의존증, 발달장애 등을 포함한 광범위한 정신 건강 문제가 현대 사회에서 중요하다고 피셔는 말한다. 현대 자본주의가 학생과 노동자에게 강요하는 갈등과 모순을, 이런 병증들이 경련을 일으키며 상징하는 것이다.

정신 건강은 현대 사회를 변혁하기 위한 열쇠다. 이 문제는 명백히 이 책에서 설명한 약자 남성들의 현실과 관련되어 있다.

언제부턴가 나는 근본적으로 착각하고 있었다. 인생은 반드시 즐거워야 한다, 항상 재미있어야 한다……. 이렇게 믿고 있었다. 살아 있는 것이 즐겁고 재미있지 않으면 내가 살아온 방식의 어느 지점이 근본적으로 잘못되었기 때문이라고.

그러나 초조함과 죄악감이야말로 아주 큰 오해였고 위험한 착각이었다. 산다는 것은 원래 시시하다.

뭔가 결핍해서, 소외당해서 즐겁지 않거나 재미있지 않다는 것이 아니다.

그냥 단순히, 시시하다.

죽고 싶다, 살고 싶지 않다는 생각까지 갈 필요도 없다.

인생은 따분해, 라는 말은 지나치게 고답적인 허세일 뿐이다.

태어난 의미도 이유도 없이 그저 시시한 이 인생.

부탁한 적도 없는데 어쩌다 태어났으니 죽을 때까지 살아야 하는 그런 인생.

괴팍한 성격의 인간이 사는 이유는 인생이 살 만한 가

치가 있다고 생각해서가 아니다. 그저 자살에 힘쓰는 것이 쓸데없다고 느껴서다. 철학자 벤야민은 그렇게 말했다(파괴적 성격).

곰곰이 생각해 보면, 나는 맛집을 모른다. 술맛을 모른다. 음악은 거의 듣지 않는다. 미술이나 다른 예술에도 관심이 없다. 영화관에 가지 않는다. 게임도 하지 않는다. 텔레비전도 거의 보지 않는다. 인터넷 문화에 관심이 없다. 도박도 유흥도 즐긴 적 없다. 같이 놀 친구가 없다. 취미가 없다. 만화, 영화, 소설만, 그중에서 관심 있는 것만 좋아한다. 그리고 자질구레하고 허무해 보이는 일을 하거나 시간 가는 줄 모르고 잔다. 이거 말고는 딱히 뭘 하지 않는다. 현재는 글로 먹고사는 일을 하는데도 문화적 소양의 부족함을 뼈저리게 느끼고 있다.

그래도 우리는 재능도, 실력도, 인정도, 기쁨도 심지어 타고난 운명이 없어도 담담히, 고요히, 빠르지도 느리지도 않게, 많지도 적지도 않게, 그날 해야 할 일을 계속해나가면 된다.

죽기 전의 시간 동안은 아무리 허무해도 계속 걸어가면 된다.

그리고 이 삭막한 걸음이야말로, 나에겐 이것만이 이 세상에 보내는 고맙다는 표현이다.

그리고 존엄이다.

'한낱 인생', 시시한 인생을 사는 인간이 무조건 이기적인 것도 아니다. 이타적일 수도 있다. 다만 행복을 느끼려고 무리하거나, 자기계발을 하거나, 과시하지 않아도 된다는 이야기일 뿐이다. '저 사람들보다 내가 나은데 인생이 시시하다고 느끼다니 죄책감이 밀려온다'고 느낄 필요도 없다.

그렇다면 시시한 인생을 살면서도 이타적인 건 뭘까? 문화적으로 공허하고 부족한 사람들이 사회 변혁을 일으키는 것은 어떤 의미가 있을까?

이 세상의 남성들은 자신을 돌볼 줄 알아야 한다. 비폭력적인 호모소셜 우정과 취미를 공유해야 한다. 서로를 돌보는 관계만 있어서는 부족하다. 우정만 있어도 부족하다.

그렇다, 우리에게 필요한 것은 약자 남성들이 현대 사회에서 자신이 처한 상황에 제대로 절망하는 것이다. 이 절망 위에 올라서면 두 가지 길이 생긴다고 지금의 나는 믿고 있다. 나머지는 각자의 실존적 결단 문제다.

한쪽에는 이 쓸모없는 일생을 끝까지 살아내고, 계속해서 '노동'하는 '그냥 인생'을 완수하겠다는 존엄이 있다. 다른 한쪽에는 가짜 적에 대한 증오가 아닌, 쓸모없음을 강요하는 사회를 향한 분노가 있고, 사회 변혁으로 가는 실천이 있다.

전자는 아무리 허무해도 일상의 일에 계속 전념하고, 이 허무를 타인과 자신을 향하는 폭력으로 바꾸지 않는 것이다. 4장에서 나온 바냐 아저씨의 길이자, '인셀의 품격'이라 할 수 있는 비폭력적인 길에 해당한다.

후자는 약자 남성이 강요받은 굴욕에 직면한 뒤 '절망하는 용기'(지젝)를 안고 사회를 향한 분노를 점화시키는 것이다. 4장 마지막에 나온 인셀 레프트의 길에 해당한다. 『바냐 아저씨』에서는 아스트로프의 길에 가깝다.

약자 남성들은 두 가지 길을 동시에, 왔다 갔다 하며, 모순되게 살아갈 수 있는 방법, 삶의 자세가 필요하다.

만약 아스트로프의 길(인셀 레프트)을 가지 못한다고 해보자. 허무주의에 빠져 이상주의 사회로 바꾸고자 하는 길로 나아가지 못한다.

그렇다면 이제는 생활을 버티고, 그 누구도 죽이지도 증오하지도 않고, 자신을 죽이지도 않고, 평화롭게 조용하게 멸망하는 것, 허무한 인생을 완주하는 것, 남아 있는 길은 이것뿐이다. 누군가를 증오하거나 어딘가에 불지르는 길을 고르지 않는다면.

하지만 어떻게 해볼 수도 없는 수치와 굴욕이 치밀어 오를 때도 있다. 겨우 이러려고 태어난 게 아니라는 생각과 함께.

바로 이 순간, 자기 부정으로 향하려는 수치심과 굴욕을 사회적 분노로 바꿔보자. 사회운동을 하라는 말이 아니다. 생각은 그만하고 행동하라는 말도 아니다.

내 안의 굴욕과 분노를 공적인 장소에서 작은 말로 표현해 보자. 아주 짧은 말이라도 자기 자신을 위해, 타인을 위해, 이 사회가 바뀌길 희망하며 시도해 보자. 그렇게 투쟁하는 것이다.

지금의 내 안에는 둘로 분열된 감정이 있고, 세 가지 길이 있다. 이 감정들은 모순된다. 하지만 우선은 이 모순과 당혹감에 머물러 있자.

모순에 찢겨 나가면서 이 시시한 인생을 살아가자. 사람은 '죽는 순간까지 살 수 있다'(오쿠다 다미오[奧田民生]).

218

꿋꿋이 살다 죽음이 오는 그날까지, 긴긴 시간에서 오는 지겨움을 견딜 수 없다 해도, 잔여물 같은, 덤 같은, 이유도 의미도 없는 시시한 인생을 끝까지 살아남도록 하자!

나오며

이 책은 약자 남성에 관한 에세이다. 나는 여기서 남성들의 폭력, 우울, 분노를 둘러싼 불온한 일들을 다양하게 다루었다.

그러나 나는 실제 인생에서는 기본적으로 이런 생각을 한다. 별 볼 일 없고, 부유하지도 않고, 특별한 재능도 없는 평범한 중년 남성이 어떻게 하면 빈둥빈둥 한가롭게, 크게 무리하지 않고 그럭저럭 즐겁고 행복하게 살다 죽을 수 있을까?

흔하디흔한 생활인 중 한 명으로 멍하게 이런 생각을 하고 이뤄지길 바라면서 하루하루 살아왔다. 분명 앞으로도 그럴 것이다.

화려하지도 훌륭하지도 않고, 수수하고 눈에 띄지 않는 인생이어도, 매일 숱한 약함과 우둔함에 괴로워하고 스스로 한심하다고 줄곧 고민하는 무던 인생이어도, 가끔 '궤도'에서 이탈하는 불안정한 인생이어도, 그럭저럭 즐겁고 재미있게, 그럭저럭 남들에게 잘해주면서 살다가 죽고 싶다.

이런 걸 매일 소소히 바라면서 최대한 열심히 살려고 한다. 물론 가끔은 게을러지거나, 늘어지거나, 창피해하면서.

현재를 살아가는 남성들 주변에는, 흔히 찾을 수 있는 인생의 모델, 별 볼 일 없는 인생을 행복하게 살아가는 모델이 의외로 없는 것이 아닐까?

왠지 이런 것들이 자꾸 마음에 걸렸다.

극단적인 마초의 '남자다움', 가부장적 아버지상, 자기계발로 승자가 되려는 남성상, 자유주의 성향의 똑똑한 남성상…… '남성의 인생 모델은 있긴 있지만, 더 선택지가 다양해지고 '이야기'가 늘어나면 좋겠다. 모델이 더 많아지고 다양해지면 좋겠다' 이런 생각을 했다.

'음지에 사는 별 볼 일 없는 중장년 남성들이 모여 즐겁게 살아갈 수 있다. 속 이야기를 털어놓고 서로를 돌보고 약점을 공유할 수 있다. 호모소설도 형제애도 아닌 남성

간 관계가 더 많아지면 좋지 않을까?' 이런 생각도 들었다.

본문에서도 언급했듯, 남성들은 '남자답다는 갑옷' 안에 상처 입은 마음을 숨겨두는 것 같다.

필요한 돌봄과 적절한 처치 없이 지내다간 '남자의 상처'를 아내나 어머니, 젊은 여성 같은 '여성'에게 치유받길 기대하거나 무의식중에 강요하게 된다.

자신을 방치하거나 쌓아둔 감정을 폭발시키지 않고, 타인과 자신을 폭력적으로 공격하는 것을 막기 위해서라도 일상에서 적절한 자기 돌봄을 훈련하고 연습해두는 일은 중요하다.

일상의 소통에서 솔직한 감정과 불안을 조금씩 꺼내거나, 미리 김을 좀 빼거나, 얕지도 깊지도 않은 관계 쌓기가 중요한지도 모른다.

즉, 고통과 상처 일부를 조금씩 꺼내 일상에서 공유하고, '남자'로서의 생활을 부지런히 유지해가는 것이다.

사람들 앞에서 눈물을 보이고, 약함을 받아들이고, '남자답게' 참지 않고, 싫으면 싫다고 괴로우면 괴롭다고 다른 사람들 앞에서 분명히 말할 수 있는 것.

이런 소박한 행동이 의외로 중요하지 않을까?

둔하고 별 볼 일 없어도, 다시 오지 않을 이 인생에서 행복해지기 위해서라도, 상처와 약함을 꾹 눌러 담는 대신 껴안을 수 있는 생활 방식을 조금씩 일상에서 실천해 보고 시행착오를 겪고 싶다.

그때가 오면 가끔은 사회적인 문제도 고민해 볼 수 있기를, 행동할 수 있기를. 이런 생각도 해보았다.

이 책이 각자의 길을 찾는 데 약간의 실마리라도 제공한다면 기쁘겠다. 각 장의 내용은 서로 모순되고 분열되지만, 이 분열과 모순 속에 지금의 약자 남성들의 너덜너덜한 상황이 반영되었다고 본다.

나는 남성 문제에 관한 3부작을 구상했다.

첫 번째 책 『인기 없는 남자의 품격: 남자에게 '약함'이란 무엇인가』(2016), 두 번째 책 『주류 남성에게 정직함이란 무엇인가: 미투에 참여하지 못하는 남자들』(2021)은 이미 출간했다.

지금은 세 번째 책이 될 원고를 천천히 써나가고 있다. 그리고 이 책은 3부작 시리즈에서 파생된 스핀오프라고 할 수 있다.

전작 『주류 남성에게 정직함이란 무엇인가』는 모범생처럼 교과서처럼 썼는데, 그 반동으로 내 안에서는 남자의 '어둠', '지하실', '밑바닥'을 표현하고 싶다, 그냥 넘어갈 수 없다는 마음이 날로 강해졌다.

이 책은 2021년 4월 7일 분슌 온라인(文春オンライン)에 게재된 약자 남성에 관한 글에서 출발했다. 그 글을 읽은 와니북스의 우치다 가쓰야의 제안으로 이 책을 쓰게 되었다. 감사한 일이다.

이 책의 교정지를 마지막으로 검토하고 있을 때, 아베 총리 암살 사건이 일어났고, 나중에 용의자 남성이 자신의 트위터에 분슌 온라인에서 「약자 남성」론을 읽고 감상을 올린 사실을 알게 되었다. 당시 이 책의 내용과 사건이 겹쳐 복잡한 충격에 휩싸였었다.

4장에서 다룬 하마구치 류스케 감독의 영화 〈드라이브 마이 카〉와 무라카미 하루키의 소설 『여자 없는 남자들』에 관한 글은 〈현대 비즈니스〉에 게재한 에세이에 기반한다. 〈현대 비즈니스〉 편집자 마루오 소이치로에게도 감사드린다.

저자로서 이 책에서 처음 시도한 일이 있다. 조금이라도 더 쉽게 읽히도록 하려고 젊은 친구 후지와라 유키의 도움을 받았다. 그의 도움이 없었다면 이 책은 완성되지 않았을 것이다. 이 또한 감사한 일이다. 물론 책 내용에 관한 모든 책임은 응당 내게 있다.

스기타 슌스케

취약함을 사상화하기 위한 몸짓

'남자'가 괴롭다

스기타 슌스케는 참으로 흔치 않은 비평가다. 그의 대표작을 나열하는 것만으로는 특징이 잘 드러나지 않을 수 있다.『무능력 비평: 노동과 생존의 에티카』(2008),『미야자키 하야오론: 신들과 아이들의 이야기』(2014),『나가부치 쯔요시론』(2014),『전쟁과 허구』(2017),『도라에몽론: 급진적인 약함의 사상』(2020),『재패니메이션의 성숙과 상실』(2021),『주류남성에게 정직함이란 무엇인가: 미투에 참여하지 못하는 남자들』(2021),『하시카와 분조와 그 낭만』(2022)……. 노동운동, 정치사상, 장애, 페미니즘, 대중음

악, 애니메이션 등 그의 집필 영역은 얼핏 봐도 매우 광범위하다. 이 작품들을 관통하는 주제는 일본 사회의 능력주의와 자기책임론에 대한 강력한 비판의식이다.

스기타를 처음 알게 된 건 그의 데뷔작『프리터에게 '자유'란 무엇인가』(2005)를 통해서였다. '프리터'란 '프리 아르바이터'라는 신조어를 줄인 말로, 정규직이 아닌 아르바이트로 생계를 꾸리는 청년들을 지칭하는 말이다. 1990년대 이후 일본에서 '꿈을 포기하지 않는 청년들'이라는 낭만화된 담론과 함께 비정규직 노동자들이 급증했다. 자발적 선택으로 보이던 이 취업 형태가 청년들을 간편한 노동력으로 재편하는 신자유주의적 기획의 산물이었음을 알게 된 것은 일본이 장기적인 경기침체기에 들어선 후였다. 청년세대의 대항적이고 대안적인 담론 형성 과정에서 스기타의 글은 단연 돋보였다. 차가운 현실 분석이 아닌, 프리터 당사자에 의한, 당사자들을 향한 실존적이고 생동감 넘치는 언어들이었다.

그로부터 18년이 지난 2023년, 나는 우연한 기회에 스기타 슌스케와 다시 인연을 맺었다. 그가 동료들과 함께 민든 잡지 〈대항언론: 반(反) 헤이트를 위한 교차로〉에 필자로 참여한 것이 계기가 되었다. 〈대항언론〉에 실린 스기타의 글(아베 신조 전 총리를 저격한 야마가미 데쓰야에 관한 글이었다)을 읽고 그 현장감 넘치는 비평의 힘에 다시 한번 감탄했다. 그가 최근 '약자 남성'을 키워드로 작업을 진행하고 있다는 것도 알게 되었다. 마침 한국을 방문한 그와 만나 개인사와 최근 작업에 관해 비교적 긴 대화를 나누었고 그 내용을 인터뷰 형식으로 정리해 페미니즘 저널 〈일다〉에 실었다. 같은 1970년대생이라는 것 외에는 별로 공통점이 없지만, 그와의 대화는 즐겁고 편안했다.

이 책은 남성성에 관해 그가 세 번째로 쓴 책으로, 저자 말로는 원래 기획한 남성성 3부작의 번외편에 해당한다.

이 책의 원제는 『남자가 괴로워!: 자본주의 사회의 '약자 남성'론』이다. 일본의 유명한 영화 〈남자는 괴로워 男はつらいよ〉 시리즈에서 한 글자만 바꾼 이 제목에는 남자를 주체가 아닌 대상이나 규범으로 보려고 하는 그의 관점이 반영되어 있다. 즉 "남자는 (여자보다) 괴롭다" 혹은 "남자도 (여자만큼) 괴롭다"가 아니라 "'남자(라는 존재)'가 괴롭다"는 것이다. 통계에서도 사회통념에서도 여성보다 훨씬 유리한 조건에 있는 남성들이, 그럼에도 불구하고 왜

괴로운가, 라는 물음을 그는 정직하고도 과감하게 던진다. 이 질문에 반발을 느끼는 독자들이 있다면 오히려 그 때문에 더욱 이 책이 한국 사회에 소개되는 의미가 깊다고 생각한다.

이름 없는 박탈감에 시달리는 사람들

다시 위의 물음에 돌아가 보자. '남자'라는 존재의 무엇이 괴로운가? 스기타는 글로벌 자본주의의 냉혹한 박탈 속에서 빈곤과 비정규직 노동에 시달리는 남자들에게 '약자'라는 새로운 수식어를 달았다. '약자 남성'. 얼핏 보기에 형용모순과도 같은 이 말은 우선 남성들 중 계급적 약자를 가리킨다. 그런데 그것만은 아니다. '다수파 남성'으로서의 특권을 충분히 의식화하지 못한다거나 자기반성이 부족하다고 질타받기 쉬운 남자들이 자신의 괴로움을 언어화하지 못한 채 방황하는 상황을 스기타는 더 심각하게 보고 있다. 영화 〈조커〉의 주인공 아서와 같은 상징적인 주변성을 시니고 있지 않아도, 존엄성을 박탈당한 채

'유리 지하실'로 추락한 남성들이 확실히 존재한다는 것이다.

이와 같은 진단은 매우 논쟁적이다. 물론 고정적인 약자란 없다. 사회적 약자는 관계적인 것이다. 페미니즘을 비롯한 사회정의 담론들은 어떤 집단적 속성을 본질화하거나 사회적 관계를 고정화하는 기존의 문화를 꾸준히 비판해왔다. 최근에는 교차성 논의의 확산으로 개개인의 정체성을 나타내는 범주나 변수가 단일하지 않다는 점이 강조된다. 인종과 계급, 젠더와 세대, 섹슈얼리티와 장애 등에 따른 발화의 위치를 고려하고 정치적 올바름을 추구하는 인식의 지평에서는 '이론적으로는' 누구나 사회적 약자가 될 수도, 강자가 될 수도 있다. 이와 같은 교차적인 인식론을 나는 지지하지만, 그러나 이 변수들은 각각 동일한 무게로 작동하는 것은 아니다. 다른 변수들에 비해 젠더 불평등의 문제는 모든 사회관계의 분모로서 우리의 일상에 총체적으로 개입한다. 사회 전반에 걸친 젠더 불평등 구조 앞에서 남성들의 약자성을 인정하기란 쉽지 않다.

이 점이 바로 스기타가 '약자 남성'이라는 호명을 용의주도하게 재발명하고자 하는 조건이다. 즉 '약자 남성'이란 사회구조적 범주 혹은 정치적 집단으로서의 관계론적인 약자성이 아닌 '잔여'로서의 약자성, 말하자면 사회정의 담론에서 배제되고 도태되며 그래서 더 존중받지 못하는 이들의 실존적 약자성을 가리킨다. 그것은 상대적 약함이 아닌, 절대적 기준에서의 약함이라고 그는 말한다. 다시 말해 그들은 해방의 언어를 갖지 못한 사람들이고, 이름 없는 박탈감에 시달리는 사람들이다. 문제는 이들의 출구 없음이 무차별 폭력이나 혐오범죄로 분출될 가능성이 나타나고 있다는 점이다.

우리 주변에도 부정의를 호소하는 여성이나 소수자의 목소리에 침묵으로 대응하거나 혹은 그것을 자신에 대한 침해로 여기고 반격을 가하는 남성들이 있다. 페미니즘으로부터 스스로 소외되고, 젠더의 속박에서 벗어날 기회를 놓친 채 기존의 남성성 규범에 매달리거나 괴로움을 혐오로 전환하는 사람들이 있다. 스기타의 작업은 이들을 '약자 남성'으로 보고 피해자화하는 것과는 결정적으로 다르다. 그는 이러한 남자들에게 어둠에 빠지지 않는 다른 삶의 가능성과 기술을 전달하려고 애를 쓴다. 이것은 가해자에게 서사를 주는 방식이 아니라 가해자가 되지 않기 위한 당사자의 몸짓이다. 남자들 스스로가 자신의 취약함을 인정하고 언어화하고, 그것을 하나의 사상적 자원으로 만들어갈 가능성이다.

올바른 적대와 연결을 위하여

일본에서는 오래전부터 자신들을 '히모테(非モテ, 인기 없음)'로 지칭하는 남성들이 온라인에서 자학적인 유머 코드를 동원해 담론을 형성해왔다. 스기타의 전작 『히모테의 품격』에서는 히모테 의식을 이성에게 인정받는 데 집착하는 일종의 의존증이라고 설명한다. 스기타의 작업은 이 '히모테' 담론의 연속선상에 있고, 그 밑바닥에는 '이성에게 사랑받고 싶다'는 그의 실존적 욕망이 깔려있다. '찌질이'라는 말로 폄하하기에는 너무나 정직하고 리얼한 고백이다.

　또한 약자성에 관한 논의의 출발점에는 비정규직 노동자들의 해방운동과 장애인 돌봄 경험을 통해 길러진 취약성(vulnerability)에 대한 감각이 있다.* 생산성과 능력을 서로 경쟁하는 호모소셜에 수렴되지 않은, 대안적이고 느슨한 돌봄적 관계를 지향하는 것이다. 스기타 자신은 이것을 '급진적 무능력주의'라고 부른다. 5장에서 느낄 수 있듯이 감각은 때로는 무력감과 절망감으로 표출되지만, 그것마저도 생산적으로 교정하는 것이 아닌, 있는 그대로 인정하고 긍정하는 리얼리즘을 추구한다.

물론 이와 같은 스기타의 감각은 전후 평화로운 경제대국으로서 번영을 누린 후 오랜 기간의 탈성장을 경험한 일본의 독특한 맥락을 반영한 것이기도 하다. 능력주의와 병역이 여전히 남성성의 핵심 요소인 탈식민 분단국가 한국에서 스기타의 '약자 남성'론이 어떤 울림이 있을지, 남성성 신화에 과연 어떤 균열을 일으킬지 아직은 가늠이 안 된다. 누구든 약해질 수 없는 치열한 경쟁 시스템 속에서 취약함은 사상화될 수 있는가? 육아휴직조차 택하기 어려운 초장시간노동 사회에서 남성들의 돌봄적 실천은 정당성을 인정받을 수 있는가? 생활문화의 실천만으로는 사회 전반에 걸친 젠더 구조와 제도를 바꾸기가 어렵지만, 그러

• 스기타의 개인사에 대해서는 〈일다〉 인터뷰 ①~④ 참조. https://www.ildaro.com/9573

나 가부장적이고 남성주의적 규범과 문화가 남성들 스스로에게도 불평등을 강요하고 있다는 각성과 몸부림이 필요한 시점이다.

남자들의 약함이란 자신의 취약함을 인정할 수 없는 약함이다. 이 책은 남자들에게 스스로의 암울과 박탈감을 인정하고, 그 괴로움을 방치하지 말라고 말하고 있다. 더 분노하고 더 굴욕을 느끼라고 말하고 있다. "치욕의 힘이야말로 사회변혁적인 해방의 욕망"을 낳기에. 동시에 '약자 남성'들이 적대하거나 분노해야 할 대상은 결코 여자들이나 페미니즘이 아니라는 점을 나는 이 책을 통해 다시 환기하고 싶다. 바닥난 자존감을 여성들의 돌봄을 통해 채우려고 하는 구태의연함도 극복하라고 말하고 싶다. 오히려 자신을 찌질한 잉여로 만들고 비가시화하고 침묵하게 하는 힘과 올바르게 적대해야 한다. 글로벌 자본의 힘과 맞서는 것은 대단한 영웅이 아니라 오히려 일상의 작은 언어들일 수 있다.

남성 당사자가 아닌 나는 이 책에서 공존의 지혜와 기술을 배운다. 이 책이 소중한 사람을 더 깊이 이해하거나 신뢰하는 데 도움이 되길 기대한다. 폐쇄적인 자기반성보다는 관계를 여는 물음으로 이어지길 바란다. 누군가의 곁에서, 대화를 통해 자신의 몸과 삶을 다시 만드는 힘으로 이어지기를 희망한다.

조경희(성공회대학교 동아시아연구소 부교수)

옮긴이 명다인

중앙대학교에서 무역학과 일본어문학을 전공했다. 무역회사에서 수출입과 통번역 업무를 담당하며, 책 번역의 꿈을 키웠다. 현재 번역 에이전시 엔터스코리아 출판기획자 및 일본어 전문 번역가로 활동하고 있다. 역서로『어린 시절의 부모를 이해하는가』『인상의 심리학』『내가 바퀴벌레를 오해했습니다』가 있다.

승자도 패자도 아닌 존엄한 인간으로 사는 21세기 남성학
자본주의 사회에서 남성으로 산다는 것

1판 1쇄 발행 2023년 12월 16일   지은이   스기타 슌스케
                                     옮긴이   명다인
                                     펴낸이   백지선
                                     마케팅   용상철
                                     인쇄   도담프린팅

펴낸곳 또다른우주
등록   제2021-000141호 (2021년 5월 17일)
전화   02-332-2837
팩스   0303-3444-0330
이메일   anotheruzu@naver.com
블로그   blog.naver.com/anotheruzu

ISBN 979-11-93281-04-8 03330